《동학의 창도자》

최수운

◉ 증산도상생문화총서 019

동학의 창도자 수운 최제우

발행사항 : 2013년 6월 11일 초판 발행
글쓴이 : 김현일
펴낸이 : 안중건
펴낸곳 : 상생출판
주소 : 대전광역시 중구 선화동 289-1번지
전화 : 070-8644-3161
팩스 : 0505-116-9308
E-mail : sangsaengbooks@sangsaengbooks.co.kr
출판등록 : 2005년 3월 11일(제175호)
ⓒ 2013 상생출판

ISBN 978-89-94295-59-6
ISBN 978-89-957399-1-4(세트)

《 동학의 창도자 》

최수운

●
······
김현일 지음

상생출판

들어가는 말

동학이 우리 역사에서 차지하는 중요성에 대해서는 누구도 이론을 제기할 수 없을 것이다. 동학은 오랫동안 외래종교와 사상에 물들어온 조선 땅에서 태동한 순전한 토착 사상이자 종교로서 그 역사적 의의를 아무리 강조해도 지나치지 않다. 이러한 사상사적 의미 외에도 동학은 1894년 '농민전쟁' 혹은 '동학농민혁명'과 밀접하게 관련되어 있기 때문에 마땅히 근대사의 관점에서도 많은 주목을 받아왔다. 예전에 '동학난'이라 불렸던 갑오년의 농민운동은 전통적인 농민반란을 뛰어넘는 반봉건 농민전쟁으로 평가받고 있을 뿐 아니라 제국주의 침략을 반대하는 반제국주의 운동이며 동시에 민권과 신분의 평등을 지향하는 근대적 운동으로 높이 평가되어 왔다. 그 때문에 동학은 한국사에서 가장 많은 연구가 이루어진 주제가 되었다.

역사학계 뿐 아니라 사상계에서도 동학에 대한 관심은 고조되어 왔다. 대표적인 것이 김지하이다. 주지하다시피 '가톨릭 래디

컬'로서 권위주의 체제에 대한 저항운동을 하였던 김지하는 서양에서 수입되어온 변혁이론의 한계를 절감하고 새로운 세계를 열어갈 사상적 토대를 동학과 증산 사상에서 찾았던 것이다. 그의 『동학이야기』(1994), 『사상기행 1, 2』(1999)은 그러한 사상적 모색에서 나온 것이다. 동양철학자 도올 김용옥도 김지하만큼이나 동서양을 넘나들며 철학과 종교, 사상, 문화에 대한 폭넓은 관심으로 우리 사상계를 주름잡은 사람의 하나이다. 그도 동학에 대한 적지 않은 관심과 열의를 보여주었다. 『천명·개벽』(1994)이라는 동학혁명을 다룬 영화 시나리오도 썼을 뿐 아니라 동학의 창도자 최수운에 대한 짤막한 『도올심득 동경대전 1』(2004)이라는 책도 간행하였다.

이 두 사람 외에도 동학 특히 그 창도자 수운에 대한 연구를 오랫동안 해온 사람들이 있다. 고故 표영삼 선생과 윤석산 교수이다. 천도교 선도사로 재직하였던 표영삼 선생은 2004년에 『동학 1, 2』를 간행하였는데 첫 권은 수운, 두 번째 책은 해월을 다루고 있다. 많은 답사를 통해 수운과 해월 그리고 동학의 역사와 연관된 적지 않은 사실들을 고증하였다. 표영삼의 책에는 동학과 관련된 많은 원사료들이 수록되어 있어 연구자들에게 상당한 도움이 된 다. 윤석산도 표영삼 선생과 같은 해에 최수운의 전기라 할 수 있 는『동학 교조 수운 최제우』를 내어놓았다. 또 2005년에는 동학 을 연구해온 여러 사람들이 '한국의 사상가 10인' 시리즈 가운데 하나로서 수운 사상의 여러 측면들을 탐구한『수운 최제우』(2005) 라는 주목할 만한 연구서도 나왔다. 이렇게 여러 사람들에 의해 동학의 창도자 최수운에 관한 여러 권의 책들이 나왔다고 한다면 수운에 관한 또 하나의 책이 필요할까?

이 질문에 대한 답을 한 마디로 하자면 다음과 같다. 본서는 증 산사상의 관점에서 수운의 생애와 사상을 정리한 것이다. 이는 무엇보다 증산사상이 동학의 영향을 크게 받았고 무엇보다 증산 사상이 참동학을 내세우고 있기 때문이다. 강증산 ― 증산도에서는 이 분을 '증산상제님'이라는 존호로 부른다 ― 은 자신이 최수운에게 "천명과 신교를 내려 대도를 세우게 하였으나" 수운이 유교의 틀을 벗어나 "대도의 참 빛을 열지 못하므로" 천명과 신교를 거두고 스스로 이 세상에 내려온 상제라고 분명히 밝혔다. 천상의 하느님(상제)이 혼란에 빠진 이 세상을 구하기 위해 수운에게 동학을 내려 수운이 동학을 창도하였지만 상제가 내린 사명을 완수하지는 못했다. 그리하여 천상의 상제가 인간의 몸으로 이 땅에 직접 내려와 새로운 세상을 열기 위한 '천지공사天地公事'를 행하였다. 증산 상제는 천지공사를 행하면서 "나를 믿는 자는 무궁한 행복을 얻어 선경의 낙을 누리리니 이것이 참동학이니라"고 선언하였다. 그러므로 증산 상제의 가르침은 예전의 실패한 '선동학先東學'을 완성한 '후동학'이자 '참동학'이 된다. 이것이 증산도가 동학을 보는 입장이다. 따라서 이런 면에서 증산도는 동학과 밀접한 관련을 가질 뿐 아니라 동학의 계승자이자 완성자라고 해도 과언이 아니다.

수운은 상제님이 내린 천명을 다하지는 못했지만 그 공덕은 결코 적은 것이 아니다. 증산 상제는 조선 조정이 수운을 죽인 것 때문에 조선의 국운을 일본의 손에 맡겼다고 하였으며 수운에게 일본 명부冥府를 맡겨 일본의 앞날을 심판하게 하였다. 이렇게 중대한 역할을 맡은 수운을 증산도에서는 후천선경을 여는 '조화정부'의 칠성령 가운데 한 분으로 보고 있다. 근대 초 동양에 와서 지상천국을 열기 위해 여러 가지 계획을 내고 노력하였으나 뜻을 이루지 못하였지만 동서양의 경계를 틔워 동서양간의 문명교류에 기여하였던 마테오 리치(이마두) 대성사, 불교승려였지만 불교의 테두리를 넘어 "각 지방 문화의 정수를 거두어 모아 천하를 크게 문명케 하려 한" 조선의 진묵대사, "유교의 인물들 가운데 흠잡을 데가 없었던" 주회암(주자), 그리고 동학혁명의 주역 가운데 한 사람으로서 "도탄에 빠진 조선의 백성들을 건지고 상민들의 천한 신분을 풀어주고자" 한 전명숙(전봉준), "선후천이 바뀌는 우주대변혁의 원리와 간 동방에 상제님이 오시는 이치를 처음으로 밝혀낸" 김일부(김항) 그리고 대인대의한 심법과 정의로움의 표상으로 우뚝 선 관성제군(관우) 등과 함께 최수운은 조화정부의 주역이다.

그러므로 증산도의 입장에서는 최수운에 대해 관심이 많을 수 밖에 없다. 본서는 기본적으로 이러한 증산도의 관점에서 최수운의 삶과 그의 가르침을 조명하였다.

차례

들어가는 말 ·· 4

1. 구도자 최수운 ································· 14

　가문과 탄생 ····································· 14

　조선의 과거제도 ······························· 20

　시련과 방황 ····································· 23

　이운규李雲奎(1804 ~ ?) ······················· 31

　『정감록』 ······································· 32

　구도의 여정 ····································· 38

2. 상제와의 만남과 동학의 창도 ·············· 43

　천상문답 ·· 43

　상제上帝 ·· 45

　부도符圖 ·· 48

　영부와 주문 ····································· 52

　다시개벽 ·· 57

　소강절 우주론 ··································· 62

　동학과 서학 ····································· 64

　서학西學 ·· 67

　포덕 ·· 77

3. 탄압과 죽음 ·· 85

　탄압과 피신 ··· 85

　죽음 ·· 91

　임술민란壬戌民亂(농민항쟁) ······················ 92

4. 상제의 탄강과 참동학 ······························ 102

　동세動世와 정세靖世 ······························· 102

　대보단大報壇 ····································· 109

　상제의 탄강 ······································· 111

　교조신원敎祖伸寃 ································ 112

　이마두利瑪竇(1552~1610) ······················118

　참동학 ·· 121

　동학도들의 해원 ·································· 129

　후천개벽 ··· 134

5. 맺음말 ··· 138

동학연표 ··· 145

찾아보기 ··· 151

동학을 창도한 **수운 최제우대신사**(1824~1864)
경주 가정리 용담정에 수운대신사의 영정이 모셔져 있다.

신교는 본래 뭇 종교의 뿌리로 동방 한민족의 유구한 역사 속에 그 도맥이 면면히 이어져 왔나니 일찍이 최치원이 말하기를 "나라에 현묘한 도가 있으니 풍류라 한다. … 실로 삼교를 포함하여 접하는 모든 생명을 감화시키는 것이라." 하니라. 그러나 조선을 비롯한 동양 각국이 서양 제국주의 열강의 폭압에 침몰당해 갈 무렵 신교 또한 권위를 잃고 그 명맥이 희미해지거늘 하늘에서 동방의 이 땅에 이름 없는 한 구도자를 불러 세워 신교의 도맥을 계승하게 하고 후천개벽으로 새 세상이 열릴 것을 선언하도록 하셨나니 그가 곧 동학의 교조 수운 최제우 대신사니라. (『증산도 도전』 1:8:1~5. 이후부터는 『도전』으로 표기함)

1. 구도자 최수운

가문과 탄생

1824년 경주 구미산 밑에서 태어난 최수운은 본명이 제선濟宣, 아명은 복술福述이었다. 우리가 흔히 알고 있는 제우濟愚로 이름을 바꾸고 호를 수운水雲이라는 정한 것은 구도의 결심을 했을 때인 36세 때였다. 수운의 부친은 근암近庵 최옥崔鋈(1762~1840)이라는 분으로서 경주 일대에서는 유명한 학자였다. 제자백가에 정통했으며 성리학을 깊이 연구하여『용담대학강의』,『심경강의』등의 책을 남겼다. 주자와 퇴계의 사상을 계승한 영남학파의 당당한 한 계승자였다. 수운의 말에 따르면 근암공의 명성은 경상도 일대에 자자하여 그를 모르는 사람이 없을 정도였다.[1] 어린 시절 중국의 19사를 한번 보기만 해도 다 외워버리고 그 대의를 파악할 정도로 머리도 좋았던 근암공은 13세 때 퇴계의 학맥을 이

---

[1]『동경대전』「수덕문」. 근암공의 학문과 학통에 대해서는『도올심득 동경대전 1』, 통나무, 2004, 65쪽 이하 참조.

은 기와畸窩 이상원李象遠의 문하에 들어가 학문을 배웠다. 근암공은 기와를 평생 스승으로 모셨다. 14세 때에는 향시에 합격하여 촉망을 받았다.

그러나 근암공은 관직과는 인연이 없었다. 향시鄕試에 여덟 번이나 응시해서 모두 붙었지만 복시覆試에는 합격하지 못했다. 도올의 말에 따르면 "경시京試에 두어 번 응시해 보고는 사환의 뜻을 포기한다. 경주 최씨 남인 간판으로는 그 당시 벼슬길에 오른다는 것이 막막하다는 것을 깨달은 것이다." 부패한 세태를 자각한 금암공은 이후 과거는 포기하고 "영남유림의 도덕주의적이고 이상주의적인 학통에 전념하였다."[2] 그에게 이제 학문은 오로지 "사람되기 위한 배움"이었고 "자기를 위한 배움"이었다.

근암공은 여복도 없었다. 세 번이나 장가를 가고 매번 상처하였다. 17세 때 장가들었던 첫째 부인 오천 정씨는 후사를 남기지 못하고 죽었고 37세에 얻은 둘째 부인 달성 서씨는 두 딸만 남기고 죽었다. 서씨 부인이 죽자 50세 되던 근암공은 큰 충격을 받았다. 부인은 시부모에게 잘하고 정성으로 제사를 받들었을 뿐 아니라 문중 친족들과도 의좋게 지냈으며 주변의 가난한 사람들에게도 따뜻하게 대했다. 남편도 공경심을 갖고 대했다.[3] 둘째 부인의

---

2 『도올심득 동경대전 1』, 172쪽.

3 표영삼, 『동학 1 : 수운의 삶과 생각』, 통나무, 2004, 28쪽.

▲ 최수운 선생의 생가가 있던 경주 가정리.

안타까운 죽음으로 근암공은 재혼할 생각을 버리고 조카인 제환 濟寏(1789~1851)을 양자로 들였다. 제환은 둘째 동생 규珪의 큰아들 로 수운보다 무려 35세나 위였다. 제환은 후에 수운에게 부모 노 릇을 하게 된다.

근암공은 둘째 부인의 죽음을 계기로 과거는 포기하고 여생을 학문을 벗 삼아 후진들을 가르치며 보내기로 하였다. 집안 살림 은 양자로 들인 제환에게 맡겼다. 그리고 몇 년 뒤인 1815년 부친 이 남겨준 땅에 용담서사龍潭書舍를 지었다. 오늘날 용담정이 위 치한 곳이다. 원래 용담계곡에는 원적암이라는 불교 암자가 있었 는데 절집 살림이 쇠락하자 스님들이 원적암을 버리고 다른 곳으 로 모두 가버렸다. 이곳을 근암공의 부친인 처사공 최종하崔宗夏 가 그 주변 약간의 땅과 함께 매입하여 아들과 아들 친구들이 독 서할 곳으로 만들었다. 이름을 와룡암이라 지었는데 근암공의 스 승인 이상원이 이름을 지었다고 한다.

근암공은 부친이 물려준 이 와룡암을 수리하는 한편 그 뒤쪽 에 새 집터를 닦고 네 칸짜리 독서당을 지었는데 이것이 바로 앞 에서 말한 용담서사이다. 건축비용은 근암공의 두 동생과 친우 한 두 사람이 대었다. 근암공은 겨울을 제외하고는 이곳에서 글 을 읽고 벗들과 학문을 논하고 제자들을 가르쳤다. 그러나 용담 사에서는 그가 죽은 후 돌보는 사람이 없어 퇴락하고 말았다.

근암공은 재혼할 생각도 없이 제자들을 가르치며 살았지만 제자들은 스승의 독거를 안타깝게 생각하였다. 무엇보다 60세가 넘은 나이로 혈육이 없이 지내는 것이 안쓰러웠다. 그래서 한 제자가 홀몸이 된 자신의 고모를 추천하였다. 경주 근처의 건천면 금척리에 살고 있는 곡산 한씨(1793~1833)였다. 1824년 양자 제환과 제자들이 이 한씨 부인을 재취로 맞아들이도록 설득하였다. 당시 한씨는 30세의 나이로 10년 전에 과부가 되어 친정에서 지내던 중이었다. 근암공은 제자들의 권유를 완강하게 거절하였다. 그러나 가족들과 제자들은 작전을 짜서 두 사람을 잔치에 불러와 한 방에 들게 하였다.[4] 표영삼 선생은 이를 정식 결혼으로 보았다. 그러므로 한씨 부인은 첩이 아니고 정식 부인이었다고 한다. 여기서 태어난 수운은 '재가녀자손'이지만 '서자'는 아니라는 것이다. 조선의 『경국대전經國大典』에 의하면 재가녀자손은 문과에 응시할 수 없다. 수운은 그 부친과는 달리 과거에 응시할 수 있는 기회도 없었던 것이다.

당시 경주 최씨 문중에서는 수운이 서자가 아니라는 표영삼 선생의 견해와는 달리 생각하였다. 족보에 한씨 부인이 정실로 올라 있지 않다. 재가녀라고 해서 정실로 간주하지 않았던 것이다.[5] 그래서 수운은 주위 사람들로부터 서자로 취급받았다. 증산 상제

4 표영삼, 『동학 1』, 36쪽.
5 윤석산, 『동학 교조 수운 최제우』, 모시는사람들, 2004, 46쪽.

조선의 과거제도

조선왕조의 과거시험은 과에 따라 문과와 무과, 잡과로 나뉜다. 문과는 문관, 무과는 무관, 잡과는 기술관을 뽑는 시험이다. 문과는 다시 대과大科와 소과小科로 나뉘는데 소과에는 생원과生員科와 진사과進士科가 있었다. 생원과生員科는 유교경전에 대한 지식을 시험하고, 진사과進士科는 글을 짓는 능력을 시험하였다. 사마시司馬試라고도 불렀던 이 소과 시험의 합격자를 과에 따라 생원과 진사라고 하였다. 소과 합격자는 국립대학인 성균관에 입학할 수 있었다.

소과는 대과를 위한 전단계 시험이기도 하였지만 그것만으로도 그 합격자들은 지방에서 양반대접을 받았다. 소과는 자격시험이었던 반면 대과는 합격하면 관직이 주어지는 관료등용시험의 성격이 강했다. 소과는 초시와 2차 시험인 복시 두 차례 시험으로 이뤄졌다. 반면 대과는 모두 3단계를 거쳐야 하는데 1차시험을 초시初試(혹은 鄕試라고도 불렀다), 2차시험을 복시覆試, 3차시험을 전시殿試라고 하였다. 초시에는 성균관 생도 외에 현직관리들도 응시할 수 있었다. 조선 후기에는 생원이나 진사에 대한 자격도 철폐되어 아무런 관직이 없는 유생들인 유학幼學들도 응시가 가능하였다. 대과의 복시에서는 33명을 선발하였는데 3차시험인 전시는 이들간의 순위만을 결정하였다. 전시에서의 성적순대로 관직이 주어졌다.

과거는 천인賤人이 아닌 양인良人 신분이면 누구나 응시할 수 있도록 개방되어 있었지만 몇 가지 예외가 있었다. 범죄자나 중죄인의 자손은 당연히 응시할 수 없었고 재가녀再嫁女 및 행실이 좋지 않은 여자의 자식, 서얼庶孼(첩의 자식)도 처음에는 응시할 수 없었다. 그러다가 1553년(명종 8) 양첩良妾의 자손에 한하여 손자 때부터 문과와 무과 응시 자격이 주어졌고 1625년(인조 3)부터는 천첩賤妾 자손도 증손자 때부터 응시가 가능하였다.

조선 5백년간 식년시와 증광별시 등 각종 임시특설 시험을 합해 도합 500여 회나 시행되어 그에 합격한 문과합격자의 수는 모두 14,500 명 정도였다. 생원·진사시는 조선시대를 통해 모두 229회가 시행되었는데 그 중 67회가 증광별시였다. 생원·진사과의 합격인원은 생원 2만 4221 명, 진사 2만 3776 명을 합쳐 모두 4만 7997 명이었다.

최수운의 부친 근암공 최옥(1762~1840)의 경우 13세 때부터 기와畸窩 이상원李象遠의 문하생으로 들어가 그 밑에서 공부하여 20세 때부터 과거시험에 응시하였다. 모두 8번이나 향시에 합격하였으나 복시에는 번번이 실패하였다. 50세가 넘어 과거에 대한 꿈을 포기하게 된 근암공은 부친으로부터 물려받은 정자를 용담정이라고 이름 짓고 스스로 산림처사로 살았다. 그러나 과거시험에 더 이상 매달리지 않아 제자백가의 글을 널리 읽고 성리학에 관한 책들을 더 깊이 연구할 수 있어서 학문적으로는 더 성숙하게 되었다.

역시 "최수운이 서자로 태어난 것이 한이 되어 한평생 서자와 상놈의 차별을 없애고자 하였다는 말을 들으시고 말씀하시기를 묵은 하늘이 그릇지어 서자와 상놈의 원한이 세상을 병들게 하였느니라."고 일갈한 바 있다.(『도전』 2:56:1–2)

동학교단 초기 기록인 『도원기서道源記書』에는 수운의 모친 한씨 부인에 대한 언급은 전혀 찾아볼 수 없다.[6] 단지 그 출생에 관한 기록만 간략히 전한다.

> "가경 갑신년(1824) 10월 28일 경주 가정리에서 태어났다. 태어날 때 하늘이 아주 맑았으며 해와 달이 밝은 빛을 발했다. 상서로운 기운이 집 주위에 둘러졌고 구미산 봉우리가 기이한 소리를 내며 사흘을 울었다고 한다."

천도교의 공식 역사서인 『천도교창건사』에는 근암공이 한씨 부인과 만나 수운을 낳게 된 것을 짧게 서술한 다음 수운의 어린 시절 모습을 소개하고 있다.

> "대신사는 나시면서 그 도량이 하늘같고 사리에 밝으심이 일월 같으시며 얼굴이 관옥같으시며 뼈와 살이 투명한 듯함으로 집안사람이 이상히 생각할 뿐 아니라 보는 사람이 다 선동이라 이름하며

---

6 『도원기서』는 1879년 강시원이 동학 2세 교조인 해월 최시형의 지시로 찬술한 것으로 원제목은 『최선생문집도원기서』였다. 그러나 표제와는 다르게 수운의 글이 들어 있는 문집은 아니다. 그래서 윤석산 교수는 이 책을 번역하여 간행하면서 『초기동학의 역사 : 도원기서』(신서원, 2000)라고 제목을 붙였다.

특별히 안정에 광채가 있어 눈을 뜨면 형광이 사람을 엄습함으로 어렸을 때에 동무들이 부모의 외우는 말을 듣고 대신사를 희롱하되 '너의 눈은 역적의 눈이라' 한 즉 대신사는 평연히 대답하기를 '나는 역적이 되려니와 너희는 순량한 백성이 되라' 하였고 매양 일을 대함에 의심과 비평을 가졌음이 보통사람들의 생각과 해석과 서로 다름으로 모든 사람에게 칭찬도 받으며 또는 비방도 받아 왔었다."

수운은 어릴 때부터 모습이나, 생각이 남달랐던 것이다.[7]

시련과 방황

비록 주변 사람들로부터는 서자로 취급받았지만 60이 넘은 나이에 얻은 혈육에 대한 부친 근암공의 사랑은 깊었다. 늦둥이 아들 복술은 부친으로부터 직접 글을 배웠다. 부친 근암공은 복술에게 다른 일은 시키지 않고 글만 가르쳤다. 근암공이 남긴 가훈에는 다음과 같은 부분이 있다.

"아! 한심하도다. 요즈음 자식을 가르치는 사람들은 입학 후에도 마소에 꼴 먹이게 하거나, 들판에 나가 물대게 하거나 하는 등, 글공부에만 전념치 못하게 하니, 이래가지고서야 어찌 자식이 재목이 되기를 바랄 수 있으리오! 여덟 살 때부터 열다섯 살 때까지는 무조건 공

---

7 이돈화 편, 『천도교창건사』, 천도교중앙종리원, 1933, 2–3쪽. 인용문은 필자가 현대어로 약간 바꾸었다.

부를 시켜보면 재목이 될지 안 될지, 성공을 할지 못할지 판가름이 나게 될 것이다. 만약 머리가 아둔하여 잘될 가망이 없거나, 도무지 타고나기를 교육이 안먹힐 수준이라고 한다면, 그때 가서 농사일을 배우고 꼴 멕이고 물 대개 해도 늦지 않을 것이다."[8]

학문의 길에 들어서면 집안일은 시키지 않고 공부에 전념하게 하는 것이 근암공의 교육방식이었다. 복술 역시 부친의 영민한 머리를 이어받아 대단히 영특하였다. 수운 스스로 "팔세에 입학해

경주 현곡면 가정리 생가터의 유허비.

8 『도올심득 동경대전 1』, 175쪽.

서 허다한 만권시서 무불통지 하여내니 생이지지 방불하다. 십세를 지내나니 총명은 사광師曠이오 지국이 비범하고 재기 과인하니"라고 자랑할 정도였다.[9] 수운이 후에 지은 글들을 볼 때 우리는 수운의 상당한 지적 수준과 문학적 재능에 감탄하게 된다. 수운은 고명한 학자인 부친으로부터 대단히 높은 수준의 교육을 받았다. 그러나 재가녀자손인 수운은 조선의 법에 따르면 무과에는 응시할 수 있지만 문과에는 응시할 수 없었다. 수운의 공부는 현실적으로 출세를 보장해주지 않았다.

더욱이 수운의 공부가 무르익기도 전인 17세에 부친이 세상을 등졌다. 수운에게 부친의 죽음은 큰 충격으로 다가왔다. 『천도교창건사』에서는 다음과 같이 부친의 죽음이 수운의 인생을 송두리째 바꾸었다고 기록되어 있다. "부친이 또한 돌아가시매 이로부터 대신사의 사상은 세상의 겁회劫灰(나쁜 운수 – 필자)를 크게 느낄 뿐 아니라 나아가 세상에 대한 모든 불평과 의심을 갖게 되었다." 삶을 의지해오던 부친이 죽은 것은 세상이 무너지는 것과 같은 일이었는지도 모른다. 근암공이 남긴 재산이라고 해봐야 약간의 땅과 집 그리고 서적 등이 모두였다. 수운은 농사일도 해보지 않아 농사짓는 법도 몰랐다. 「수덕문」에서 스스로 말했듯이 부친

---

9 『용담유사』 「몽중노소문답가」. 사광은 중국 춘추전국 시대 진나라의 악사로 총명함으로 명성이 높았다. 『천도교창건사』, 3쪽에는 수운이 "팔세에 한학이 대진하야 백가시서를 불과수년에 외왓다"고 하였다.

이 죽었을 때 그는 인생에 대해 아는 것이 없는 어린아이에 불과하였다.

부친의 삼년상을 치른 후 수운은 결혼을 하였다. 부인은 월성 박씨로 울산 출신이라는 것 외에는 별로 알려진 것이 없다.[10] 수운이 처가의 덕을 보지 못한 것으로 보아 박씨 부인은 미미한 집안 출신으로 보인다. 신혼 살림은 형님인 제환의 집에 차렸으나 1년 정도 지나 집에 불이나 부친이 물려준 집과 책이 모두 화마에 사려졌다. 수운의 처지는 매우 궁색하게 되었다. "마음으로는 가정 지업을 지키려 했으나 심고 거둘 줄을 몰랐고, 글공부도 독실치 못했으니 벼슬할 뜻을 잃은지 오래였다. 가산은 점점 기울어져 말로가 어찌 될지도 알 수 없었다."라고 수운 스스로 자신의 신세를 한탄하였다.[11] 이런 수운에게 기존의 사상은 힘을 잃었다. 『천도교 창건사』를 보자.

"항언하시되 '군불군君不君, 신불신臣不臣, 부불부父不父, 자부자子不子, 부불부夫不夫, 부불부婦不婦'라 하고 '낡은 도덕이 무너지고 지나간 윤리가 끊어졌다' 하시고 스스로 망하는 세상을 건지리라 결심한 후에 그날부터 선조이래로 숭봉하던 유학을 숙고하

---

10 『천도교창건사』에는 13세때 부친의 명으로 울산박씨와 혼인하였다고 하는데 표영삼 선생은 이 기록을 믿지 않는다. 더 이른 기록인 『천도교서』(1920)에 19세에 혼인하였다고 되어 있으므로 부친의 3년상을 마친 19세 (1842년)에 혼인한 것으로 보았다. 표영삼, 『동학 1』, 56쪽.

11 『동경대전』「수덕문」.

였으나 아무 소득이 없으므로 모든 유서儒書를 화중에 던져버리고 자탄하기를 '이 세상은 요순의 정치라도 족히 건지지 못할 것이오 공맹의 도덕으로도 또한 다스리지 못하리라' 하고 다시 불서佛書를 연구한 후에 이어 가로되 '유도 불도 누천년에 운이 또한 쇠하였도다' 하는 노래를 지으셨고 최종으로는 당시 서양으로부터 새로 수입된 기독교를 연구하였으나 또한 소득이 없음으로 가로되 '글에 조백皂白(옳고 그름 – 필자)이 없고 말에 차제가 없으며 다만 자신을 위하는 도모에 그치고 몸에 기화하는 신神을 양하지 못하였다' 하시니 이는 대신사로 하여금 모든 과거를 부인하게 된 동기이며 새로운 창조력을 생동케 한 원인이 되었다."[12]

부친으로부터 배워온 유학이 낡은 학문에 불과함을 절실히 깨달은 것이다. 기존의 학문과 또 기존의 종교에 대한 회의가 그를 유랑의 길로 내몰았다. 필사본 『대선생사적大先生事蹟』에서는 "가사는 기울어가고, 학문은 이룰 길이 없고, 무예나 익힐까 두해 헤매다가, 활을 거두고 상인의 길을 나서다. 천지팔방을 주유키 시작하였다.(家産漸衰, 學書不成, 反武二年, 臟弓歸商, 周遊八方.)"라고 그 사정을 간략히 기록하였다.[13] 수운은 아마 무과 준비를 했던 것 같으나 무슨 이유인지 그것도 2년 만에 걷어치워 버렸

---

12 『천도교창건사』, 3–4쪽.
13 『도올심득 동경대전 1』, 19쪽. 『대선생사적』은 1906년에 기록된 수운의 전기이다.

다. 그리고 장사로 나섰다.[14]

비록 과거를 볼 수 없었지만 수운은 유명한 선비의 집안에서 선비로 자랐다. 상당한 학식도 쌓았다. 그런데 그가 글을 팽개치고 장사치로 나섰다! 도올의 말대로 사농공상을 엄격히 나누는 조선의 신분사회에서 이는 "거의 코페르니쿠스적인 전환"을 의미한다.[15] 즉 전통적인 가치관, 전통적인 사농공상의 신분관을 버린 것이다. 이는 어렸을 적부터 배워온 유교를 버렸음을 의미한다. 유교도 불교도 이제 운이 다했다는 그의 말은 그가 더 이상 기존의 이념에 얽매이지 않았음을 뜻한다.

물론 얼마 전에 결혼하여 처자를 둔 몸이라 어떻게든 호구지책을 강구해야 할 필요도 있었다. 장사에 나섰지만 고정된 점포에서 물건을 파는 것이 아니라 물건을 갖고 방방곡곡을 떠도는 행상이었다. 후에 수운을 체포한 어사 정운구의 장계에 "백목白木장사를 하였다"고 한 것으로 보아 포목을 주로 취급하였던 것으로 보인다. 수운은 21세(1844년)부터 31세(1854년)까지 무려 10년의 세월을 장사를 하며 전국을 떠돌았다. 『도원기서』는 '주유팔로'라는 멋진 말로 이러한 떠돌이 생활을 묘사하였다. 이 떠돌이 행

---

14 『천도교창건사』에서는 주유천하중에 활도 쏘고 말타기도 익히며 장사도 하고 음양복술의 글도 연구하였으나 필경은 하나도 창생을 건질 큰 도가 아니라 하시고 이로부터 순전히 인심풍속을 알고 윤회운수를 살피기에 노력하였다고 한다. 『천도교창건사』, 4쪽.
15 『도올심득 동경대전 1』, 194쪽.

상 노릇으로 수운이 돈을 벌지는 못했다. 동학을 창도하여 후에 조선 사회를 뒤흔들게 되는 수운은 불행히도 '비즈니스'에는 재능이 없었던 것일까? 후에도 철점을 경영하다 실패한 것을 보면 수운에게 썩 비즈니스의 재능이 있었던 것으로 보이지 않는다. 그러나 수운이 장사를 위해 전국을 떠돌아다닌 것은 사업의 성공 여부와는 다른 중대한 의미가 있었다. 경주 밖을 넘어서지 못했던 수운이 세상을 직접 목도하게 된 것이다. "방방곡곡 가보지 않은 곳이 없고 수수산산 모르는 곳이 없을" 정도로 돌아다니면서 조선 민중의 삶을 생생하게 체험하였다.[16]

당시 조선은 세도정치가 판을 치고 지방의 수령들과 아전들의 수탈이 횡행하였다. 지배계급의 부패와 탐학으로 민중의 삶은 어렵지 않을 수 없었다. 유리걸식하는 자들은 일상적으로 볼 수 있었으며 전염병도 만연하여 역병이 한번 돌기만 하면 수십만이 죽어나갔다. 수운이 「포덕문」에서 "우리나라는 몹쓸 병이 가득하여 백성들은 연중 평안할 때가 없다."고 탄식한 것은 당시의 현실을 정확히 반영한 것이다. 세상이 혼란하고 민중이 살기 어려웠기 때문에 조선 지배층이 민중에게 강요한 이념적 질서도 무너져갔다. 민중들에게 성리학은 당장의 삶과는 동떨어진 공허한 소리로 여겨졌다. 서학이 민중들 속으로 급속히 파고들 수 있었던 것은 성

---

16 『동경대전』 「화결시」.

리학의 권위가 무너졌기 때문에 가능한 것이었다.

다른 한편 『정감록』에 의존한 도참사상도 민중들 사이에 널리 퍼졌다. 난리를 피하여 궁궁촌을 찾아드는 사람들이 적지 않아 수운이 자신의 가사에서 그것을 지적할 정도였다.

"매관매작 세도자도 일심은 궁궁이오 전곡 쌓인 부첨지도 일심은 궁궁이오 유리걸식 패가자도 일심은 궁궁이라. 풍편에 뜨인 자도 혹은 궁궁촌 찾아가고 혹은 서학에 입도해서 각자위심 하는 말이 내 옳고 네 그르지."

수운이 돌아본 당시 조선 사회는 암울하여 희망이 없었다. "아 서라 이 세상은 요순지치라도 부족시요 공맹지덕이라도 부족언 이라"고 그는 절망스런 시대상을 개탄하였다.[17]

수운은 당시 지배적인 가치관이자 이념인 유교질서가 무너져 내리는 것을 목도하는 한편 유교와는 거리가 먼 다양한 사상적 흐름들을 접했을 것이다. 그는 서학의 비밀집회에도 가봤을 것이 고 선도仙道나 복술卜術도 접했을 것이다. 일부 전해지는 말에 의 하면 수운은 이 시기에 정통유교로부터 벗어나 새로운 사상을 모 색하던 도학자 연담蓮潭 이운규李雲奎를 만나 그로부터 가르침을 받고 또 "그대는 선도를 계승할 자라"는 말을 듣기도 하였다.[18]

---

17 『용담유사』, 「몽중노소문답가」.
18 고 이정호 교수는 오방불교를 세운 김광화와 정역을 낸 김일부가 수운과

이운규李雲奎(1804 ~ ?)

조선시대의 유학자로서 김일부(일부一夫는 호, 본명은 항恒)와 오방불교의 창시자 김광화(광화光華는 호, 본명은 치인致寅)의 스승이다. 본관은 전주이고 호는 연담蓮潭이다. 세종대왕의 아들 담양군의 13세손이다. 과거에 급제하였으며 대원군과 친밀한 사이였다고 한다. 대원군의 후원자였던 조대비趙大妃와 인척관계였다. 연담은 국운이 쇠퇴하자 논산, 무주, 용담 등에서 은거하였는데 논산에 은거한 시기에 김일부와 사제관계를 맺었다. 또 일부의 딸을 둘째 며느리로 삼았다.

연담은 전통적인 유교를 벗어나 유불선 삼교를 통합하려는 시도를 하였다. 연담은 역학易學에 바탕을 둔 선후천 교역 사상을 갖고 있었다. 연담의 가르침은 한편으로는 김일부를 통해서는 유교적인 색채가 짙은 영가무도교詠歌舞蹈敎로 발전하게 되고 다른 한편으로는 불교적 색채를 띤 김광화의 오방불교五方佛敎(남학南學) 등으로 발전하게 되었다.

전승에 의하면 최수운과 김일부, 김광화가 모두 한 때 연담으로부터 역철학을 배웠다고 한다. 그리고 연담은 최제우에게는 쇠퇴해가는 선도의 부흥을, 김광화에게는 불도를, 김일부에게는 유교를 각각 부흥시키라고 부탁하였다고 한다. 이처럼 수운과 일부가 함께 연담에게서 배웠다는 전승은 동학문헌에서는 일체 찾아볼 수 없는 것으로 후대에 남학계통에서 만들어진 것으로 추정된다.

『정감록』

　『감결鑑訣』을 비롯하여 여러 비기祕記들을 모아놓은 조선시대의 대표적인 예언서. 원본도 저자도 알 수 없는데다가 오랜 세월을 거쳐 민간에 전해오는 동안에 다양한 이본異本이 생겨 그 종류가 수십 종에 이른다. 『감결』은 조선조의 선조인 한륭공漢隆公의 두 아들 이심李沁·이연李淵이 조선 멸망 후 일어설 정씨鄭氏의 조상이라는 정감鄭鑑과 금강산에서 마주앉아 대화를 나누는 형식으로 엮어져 있다. 그 내용은 조선 이후의 흥망대세興亡大勢를 예언하여 이씨의 한양漢陽 도읍 몇백 년 다음에는 정씨의 계룡산鷄龍山 도읍 몇백 년이 있고, 다음은 조씨趙氏의 가야산伽倻山 도읍 몇백 년, 또 그 다음은 범씨范氏의 완산完山 몇백 년과 왕씨王氏의 재차 송악松嶽(개성) 도읍 등을 논하고, 그 중간에 언제 무슨 재난과 화변禍變이 있어 세태와 민심이 어떻게 되리라는 것을 차례로 예언하고 있다.

　『정감록』이 당시 세상에 대해 실망과 분노를 느끼던 민중들에게 끼친 영향은 지대하였다. 실제로 광해군·인조 이후의 모든 혁명운동에는 거의 빠짐없이 『정감록』의 예언이 거론되었다. 또 많은 백성들이 실제로 이 책의 예언에 따라 남부여대男負女戴하고 십승지十勝地의 피란처를 찾아 이주하였다.

　『감결』 가운데 몇몇 널리 알려진 부분을 그대로 옮겨본다.

"금강산으로 옮겨진 내맥來脈의 운이 태백산太白山·소백산小白山에 이르러 산천의 기운이 뭉쳐져 계룡산鷄龍山으로 들어가니, 정씨鄭氏의 팔백년 도읍할 땅이로다. 그후 원맥元脈이 가야산伽倻山으로 들어가니, 조씨趙氏의 천년 도읍할 땅이로다. 전주全州는 범씨范氏의 육백년 도읍할 땅이요, 송악으로 말하면 왕씨王氏가 다시 일어나는 땅인데, 나머지는 상세하지 않아서 무엇이라 말할 수 없다."(중략)

"신년申年 봄 삼월, 성세聖歲 가을 팔월에 인천仁川과 부평富平 사이에 밤중에 배 1천 척이 정박하고, 안성安城과 죽산竹山 사이에 시체가 산처럼 쌓이고, 여주驪州와 광주廣州 사이에 인적이 영영 끊어지고, 수성隨城과 당성唐城 사이에 피가 흘러 내를 이루고, 한강 남쪽 백리에 닭·개의 소리가 없고, 인적이 영영 끊어질 것이다."(중략)

"몸을 보전할 땅이 열 있으니, 첫째는 풍기豐基 예천醴泉, 둘째는 안동安東 화곡華谷, 셋째는 개령開寧 용궁龍宮, 넷째는 가야伽倻, 다섯째는 단춘丹春, 여섯째는 공주公州 정산定山 마곡麻谷, 일곱째는 진천鎭川 목천木川, 여덟째는 봉화奉化, 아홉째는 운봉雲峰 두류산頭流山으로 이는 길이 살 수 있는 땅이어서 어진 정승, 훌륭한 장수가 연달아 날 것이다. 그리고 열째는 태백太白이다." (중략)

"계룡산의 돌이 흰빛이 되고, 모래펄 30리에 남문南門을 다시 일으키고, 내 자손 말년에 쥐 얼굴에 범의 눈을 가진 자가 생기고, 큰 흉년이 들고, 호환虎患으로 사람이 다치고, 생성과 소금이 지극히 흔하고, 냇물이 마르고, 산이 무너지면 백두산 북쪽에서 호마胡馬가 긴 울음을 내고, 양서兩西 사이의 하늘에 원맺힌 피가 넘치리니, 한양 남쪽 백리에 어찌 사람이 살 수 있겠는가."

수운의 주유팔로는 1854년 30세가 되어서 끝났다. 그 동안 부인은 친정이 있던 울산으로 가 있었다. 10년간의 장사를 접고 고향으로 돌아온 수운은 얼마 있지 않아 부인이 있던 울산으로 이거하였다. 울산 유곡동에 자리 잡은 수운은 이곳에서 여섯 마지기 논을 사서 농사를 지으며 생활하였다. 그런데 이러한 평범한 생활인에서 구도자로 변신하게 만든 사건이 1855년 일어났다. 동학과 천도교에서는 이 사건을 '을묘천서乙卯天書' 사건이라고 부른다.

어느 봄날 초당에 누워 낮잠을 즐기는데 한 노승이 찾아온 것이다. 그는 자신이 금강산 유점사의 선승인데 불서를 읽어도 별 신험이 없어 백일정진을 하게 되었다고 하였다. 그런데 정진을 마치는 날 탑 아래서 우연히 잠에 들었는데 홀연히 깨어보니 탑 위에 책이 한 권 놓여 있었다. 그런데 아무리 읽어봐도 뜻이 통하지 않아 그 책을 독해할 수 있는 사람을 찾아다녔으나 모두 모르겠다는 답뿐이었다. 그래서 박식하다고 소문난 수운에게 오게 되었다. 수운이 그 책을 들여다보자 잘 이해가 되지 않았다. 그래서 사흘간의 시간을 요구하자 선승은 순순히 그 책을 놓고 물러갔다. 그리고 예정대로 사흘 후 다시 나타났다. 이 때 수운은 자신이

함께 연담 이운규의 제자였다고 하는데 유감스럽게도 문헌증거를 제시하지는 않았다. "동학의 최제우와 남학의 김광화도 일시 연담 문하에 출입하여 각각 교훈을 받은 바 있음. 이 두 사람은 그 교훈을 듣지 않고 자의대로 행동하다가 필경 최는 1864(갑자)년에 대구에서, 김은 1894(갑오)년 전주에서 처형되었음." 이정호, 『정역연구』, 국제대학 인문과학연구소, 1976, 200쪽.

그 책의 뜻을 알아내었다고 말했다. 그러자 선승은 기뻐하면서 이 책의 진정한 주인은 당신이요 하면서 집을 나갔다. 수운이 뒤따라갔으나 선승은 홀연히 자취를 감추고 말았다.[19]

이것이 최초의 동학교단사라고 할 수 있는『도원기서』에 실려있는 '을묘천서'에 관한 내용이다. 수운 자신은 을묘천서에 대한 언급을 한 적이 없지만 을묘천서 사건은 수운의 삶에서 중요한 전환점이 되었다. 수운은 노승이 신인이라고 생각하여 그가 준 책을 깊이 연구하였다. 그런데 도올 김용옥은 을묘천서가 마테오 리치가 지은『천주실의』라고 주장하는데 이는 근거가 없는 주장일 뿐이다.[20] 또 수운의 생애를 쓴 윤석산 교수는 을묘천서가 실제 어떤 책이 아니라 수운의 종교적 체험을 의미한다고 주장하였다.[21] 이것도 우리는 받아들이기 힘들다.『도원기서』에서는 이 책이 '기도

---

19 이돈화가 편찬한『천도교창건사』, 8쪽에서는 노승이 책을 두고 갔다고 하지 않고 책과 함께 사라졌으나 그 책의 내용이 수운의 머리 속에 완연히 남아 삼일 동안 책의 내용을 궁구하였다고 한다.

20『도올심득 동경대전 1』, 205쪽. "유교나 불교의 책이라고 하기에는 문리가 타당하지 않고 뜻을 해석하기 어려웠다."라는『대선생사적』의 기록을 근거로 유교 책도 아니고 불교 책도 아니니 천주서임에 틀림없다는 식이다. 그러나 이 마두의『천주실의』는 조선에 들어온 지 200년이나 되는 책으로 당시 조선의 지식인들에게 널리 알려져 있었기 때문에 수운이 그 책에 대해 모르고 있었다는 것은 말이 안 된다. 참고로『대선생사적』은 전북 부안군 상서면 감교리에 위치한 천도교 호암수도원에 소장되어 있는 필사본으로 34면으로 되어 있다. 66쪽짜리『해월선생문집』과 한 책을 이루고 있다. 박맹수,『사료로 보는 동학과 동학혁명』, 모시는사람들, 2009, 66~69쪽.

21 윤석산『동학 교조 수운 최제우』, 89쪽.

울산 유곡동 여시바윗골 유허지

의 가르침'(祈禱之敎)이 담긴 책이라고 하였기 때문이다. 중요한 것은 을묘천서가 어떤 책인지 우리가 알 수 없지만 이 책을 계기로 수운의 인생이 바뀌었다는 점이다. 즉 수운이 구도자가 되었다는 점이다. 이후 수운은 간절한 마음으로 하늘에 기도하기 시작하였다.

구도의 여정

을묘천서 사건이 있은 그 해 여름 수운은 하늘에 기도하기 위해 양산 통도사 뒤의 천성산에 올라갔다. 49일을 기한으로 기도에 들어갔다. 수운은 하늘로부터의 가르침이 있기를 간절히 기도하였다. 그는 하늘이 그에게 새로운 삶의 길을 깨우쳐 줄 것이라는 기대를 한 것으로 보인다. 하지만 수운은 정해진 49일을 다 채울 수 없었다. 이틀을 채우지 못한 47일째 기도하던 중 문득 마음이

천성산 적멸굴 입구(좌)와 내부 모습(우)

불안해지며 숙부의 죽은 모습이 보였다. 그래서 기도를 중단하고 산을 내려왔는데 과연 숙부가 돌아가셨다.

구도의 길에 들어서기는 하였지만 수운에게는 엄연히 식솔들이 있었다. 몰락하는 가세를 일으키기 위해 무언가를 해야 하였다. 숙부의 장례를 마친 후 수운은 철점鐵店 사업을 시작하였다. 이는 용광로로 철을 주조하는 사업으로서 당시의 용광로는 오늘날 제철소에서 보는 것과는 달리 규모가 아주 작았다. 큰 자본이 소요되는 것은 아니었지만 투기성이 큰 위험한 사업이었다.[22] 수운은 철점 사업을 위해 자신의 전재산이라 할 수 있는 여섯 두락 남은 논을 저당 잡혀 돈을 빌렸다. 사업을 시작하였지만 기도하는 일은 그만두지 않았다.『천도교회사』에 따르면 수운은 1857년 가을 다시 천성산으로 갔다. 이번에도 49일 기도를 하였는데 49일을 모두 채울 수 있었다. 그러나 수련과 기도에 전력한 탓인지 사업은 생각대로 되지 않았다. 가산은 탕진되고 빚은 산더미 같이 쌓였다.[23] 빚 문제로 관에 끌려가기도 하였다. 이번에도 비즈니스에 실패한 수운은 1859년 울산에서 고향인 경주 구미산 밑의 가정리로 가솔들을 이끌고 귀향하였다.

당시 수운은 두 아들과 두 딸을 거느린 가장이었다. 장남 세정

---

22 표영삼,『동학 1』, 86쪽.
23 『도원기서』, 25쪽.

은 아홉 살, 차남 세청은 여섯 살이었다. 구미산 밑의 용담에는 부친이 남겨준 작은 집과 용담서사가 있었을 뿐이다. 가산을 탕진한 후 처자식을 데리고 구미산 밑의 고향으로 돌아온 수운의 심정은 말할 수 없이 처연하였다. 수운이 지은 가사의 하나인 「용담가」는 그러한 기분을 잘 드러내고 있다.

> "구미용담 찾아오니 흐르나니 물소리요 높으나니 산이로세. 좌우 산천 둘러보니 산수는 의구하고 초목은 함정含情하니 불효한 이내 마음 그 아니 슬플소냐. 오작은 날아들어 조롱을 하는 듯고 송백은 울울하여 청절을 지켜내니 불효한 이내 마음 비감회심 절로 난다. 가련하다 이내 부친 여경餘慶인들 없을소냐."

6년만에 옛 집으로 돌아온 수운은 다시 구도의 결의를 굳혔다. 자와 호를 다시 지었는데 제선이라는 이름을 제우濟愚로, 도언道彦이라는 자를 성묵性默으로 바꾸었다. 제우는 어리석은 중생을 구제한다는 의미를 담고 있다. 이는 그의 구도가 단지 자신의 실존적 문제를 해결하기 위한 것이 아니라 세상을 건질 도를 구하는 것임을 암시한다. 수운水雲이라는 호도 이때부터 쓴 것이라 한다.[24] 아마 흐르는 물과 구름처럼 주어진 삶의 테두리에 얽매이지 않고 도를 찾아 '행운유수'하는 구도자의 모습을 염두에 두고 지은 호이리라. 그는 도를 얻기까지는 세상으로 나가지 않겠다는 굳

---

24 표영삼, 『동학 1』, 93쪽.

은 결의를 하였다. 이듬해 초에 쓴 입춘시에서는 "도의 기운을 길이 보존하면 사특한 기운이 침입하지 못하느니라. 도를 얻을 때까지는 세상 사람들에게로 돌아가 어울리지 않으리라.(道氣長存邪不入, 世間衆人不同歸)"라고 하여 그결의를 분명히 하였다.[25]

바깥으로 나다니지 않고 칩거하며 구도할 때 수운은 책과 기도에 몰두하였다. 양녀 주씨가 후일 천도교의 한 인사에게 한 증언에 의하면 수운은 언제 보아도 책을 보았으며... 밤에는 나가서 하느님께 수없이 절을 하여 새로 지은 버선이 하룻밤 지나면 버선코가 다 이지러지고 상할 정도였다.[26] 그야말로 간절한 구도자의 모습이었다. 그가 기도한 것은 분명 하느님이었다. 물론 그는 하느님에 대한 막연한 관념만을 갖고 있었을 것이다. 당시 조선의 유생들은 인격적인 신으로서의 하느님에 대한 관념이 없었다. 그런데 바로 수운이 막연히 생각하던 하느님 즉 상제님이 새로운 삶의 길을 내려달라고 기도하는 구도자 수운의 간절한 정성에 감복하여 직접 말씀하셨다. 이것이 동학이 이 세상에 나오게 된 계기가 된 1860년(경신년)의 소위 천상문답 사건이다.

---

25 『천도교창건사』, 11쪽.
26 표영삼, 『동학 1』, 92쪽.

구미산 용담정 입구의 궁을 이 그려진 대문 (위)
구미산 용담정 (아래)

2. 상제와의 만남과 동학의 창도

천상문답

수운이 하느님의 소리를 처음 들은 것은 경신년(1860) 4월 5일이었다. 그날은 장조카 맹륜의 생일날이었는데 조카가 생일잔치에 오라는 청 때문에 내키지 않았지만 억지로 참석하였다. 그러나 얼마 있지 않아 몸이 떨리고 한기가 느껴지는 한편 마음이 안정되지 않아 일어나 집으로 돌아왔다. 집에 와서도 "정신이 혼미하고 미친 것 같기도 하고 술에 취한 것 같기도 하여 엎어지고 넘어지고, 마룻바닥을 치며 몸이 저절로 뛰어오르고 기가 뛰놀아 병의 증상을 알 수 없으며 말로 형용하기도 어려운" 상태가 되었다. 그런데 갑자기 공중에서 소리가 들렸다. 수운이 누구의 소린지 몰라 누구냐고 묻자 "나는 바로 상제이다. 너는 상제를 모르느냐?"라는 소리가 들렸다.[27] 수운은 이제까지 막연하게 하늘에게 기도해 왔지만 상제님을 알지 못했다. 유교적 전통에서 자란 수운에게

---

27 『도원기서』, 33쪽.

인간에게 직접 말씀하시는 하느님은 낯선 존재였다. 놀라고 두렵지 않을 수 없었다. 그래서 상제님은 수운에게 호천금궐 상제님'을 네가 어찌 알겠느냐 하면서 "두려워하지 말고 무서워하지 말라(勿懼勿恐)"고 하신 것이다.

상제는 동양에서 하느님을 지칭할 때 사용하던 명칭이다. 상제의 '상上'은 '천상의, 지존무상의, 최고의'라는 뜻을 갖고 있으며 '제帝'는 임금님을 뜻한다. 따라서 상제는 우주를 다스리는 통치자를 말한다. 중국의 상고사 기록인『서경書經』, 고대시집인『시경詩經』, 유교의 경전인『예기禮記』,『중용中庸』등에서 모두 하느님을 상제라고 하였다. 반면 '천주天主'는 16세기 후반 중국에 온 가톨릭 선교사 마테오 리치(이마두)에 의해 처음 사용되었다. 마테오 리치가 기독교 교리를 소개한 책의 제목이『천주실의天主實意』였다. 이후 동아시아의 가톨릭 신자들은 하느님을 천주로 불렀다. 그래서 가톨릭은 '천주교'가 된 것이다. 그런데 마테오 리치는 그의『천주실의』에서 천주는 곧 중국의 옛 경전에서 말하는 상제라고 하였다. 가톨릭에서 사용하는 천주는 말만 다르지 실은 상제[28]의 다른 명칭에 불과한 것이었다.

---

28 동학의 창시자 최수운도 마테오 리치의 입장을 따랐다. 어떤 곳에서는 천주라 하고 또 어떤 곳에서는 상제라 하였다. 경신년의 놀라운 종교체험을 이야기하면서 자신과 대화한 하느님을 상제라고 하였지만 그의 주문에서는 과감히 '시천주조화정侍天主造化定'이라고 하였다. 그가 지은 한글가사집인『용담유사』에서는 '호천금궐 상제님'도 나오지만 주로 하느님이라 하였다. 하느

상제上帝

　한민족의 상고시대에 관한 기록인 『환단고기桓檀古記』에도 상제가 나온다. 조선 중기의 찬수관을 지낸 이맥李陌이 편찬한 『태백일사太白逸史』 「삼신오제본기三神五帝本紀」에는 상제를 삼신三神이라고도 하였다. 조화·교화·치화를 하는 신이므로 삼신이라 한 것이다. 이맥은 그에 관련된 옛 기록들을 그대로 옮겨 적었는데 일부를 소개하면 다음과 같다.

　대시大始에 상하와 사방에는 일찍이 암흑이 보이지 않았고 언제나 오직 한 광명뿐이었다. 천상 세계로부터 삼신이 계시니 즉 한 분 상제이시다.(大始, 上下四方, 曾未見暗黑, 古往今來, 只一光明矣. 自上界, 却有三神, 卽一上帝.)(『표훈천사表訓天詞』)

　주체는 한 분 상제이시나 각기 다른 신이 있는 것이 아니라 작용으로 볼 때 삼신이다.(主体則爲一上帝, 非各有神也, 作用則三神.)(『고려팔관기高麗八觀記』)

수운은 상제님의 소리를 들은 경신년 4월 5일의 경험을 「포덕문」에서 다음과 같이 말하고 있다. "뜻밖에도 4월에 마음이 선뜩해지고 몸이 떨려서 무슨 병인지 집중할 수 없고 말로도 형용하기 어려울 즈음에 어떤 신선의 말씀이 있어 놀라 캐어물은 즉 대답하시기를 '두려워하지 말고 무서워하지 말라. 세상 사람이 나를 상제라 이르거늘 너는 상제를 알지 못하느냐'." 그는 자신이 들은 소리를 '신선의 말'이라 표현하였다. 또 수개월 뒤에 쓴 「논학문」에서는 "몸이 몹시 떨리면서 밖으로 접령하는 기운이 있고 안으로는 강화의 가르침이 있으되 보였는데 보이지 않았고 들렸는데 들리지 않았다."고 하였다. 영에 접하면서 마음속에 그 가르침이 내렸다는 것이다. 이렇게 신선의 말, 접령하는 가운데 내린 강화의 가르침 등으로 묘사된 상제님의 소리는 어떠한 내용을 갖고 있었을까? 수운의 저서에서 우리는 그 내용을 확인할 수 있다.

첫째, 상제님은 자신이 이제까지 공이 없었다고 토로한다. 한글가사 「용담가」에서는 "개벽후 오만년에 네가 또한 첨이로다. 나도 또한 개벽 후에 노이무공勞而無功 하다가서 너를 만나 성공하니 나도 성공 너도 득도"라고 상제님이 이제까지 그 뜻을 펼치기 위해 애를 썼지만 사람을 만나지 못해 공이 없었다고 하였다. 이제 수운을 만나 공을 이루게 되었다는 말씀이다. 이렇게 말한 상제

___

님(ᄒᆞᄂᆞ님)은 판본에 따라 '하나님'(시천교 『용담유사』 1920) '하늘림'(청림교 『룡담유사』 1932), '한울님'(『천도교경전』 1998) 등 다양하게 표기되었다.

님은 우주를 초월해 있는 신이 아니다. 변화해나가는 세상과 함께 고민하는 역사 속의 신이다. 상제님은 인간을 통해 역사한다. 상제님은 그 뜻을 이루기 위해 구체적으로 수운에게 명을 내렸다.

둘째, 수운에게 먼저 명한 것은 백지를 펴서 부도符圖를 받으라고 한 것이다. 수운이 백지를 펴자 종이 위에 부도가 그려지는 놀라운 일이 일어났다. 수운은 아들을 불러 부도를 보라고 하였다. 하지만 아들에게는 그 부도가 보이지 않았다. 수운은 다른 사람이 못 보는 것을 보고 다른 사람이 못 듣는 것을 들었던 것이다.[29]

셋째, 상제님은 영부를 갖고 사람들을 병에서 건지라고 명하셨다. 수운은 그 명에 따라 많은 영부를 그려 자신이 했던 것처럼 불에 살라 물에 타서 마시게 하였다. 후에 영부를 갖고 사람을 고치는 것은 동학의 중요한 포교수단이 된다.[30]

넷째, 상제님이 내려주는 주문을 받아 사람들로 하여금 상제님을 위하게 하라고 하였다. 이제까지는 사람들이 상제님을 위하지

---

29 범부 김정설 선생은 경신년 사건을 '하느님의 내림' 즉 신내림(강령)으로 파악하였다. 범부는 수운에게 내재된 신도의 고유한 사상으로서의 하느님 의식이 기독교 교설의 자극을 받아 소성蘇醒한 것이라 하였다. 김범부, 『풍류정신』, 정음사, 1986, 92쪽.

30 그러나 병을 고치는 영부의 능력은 모두에게 나타나지 않았다. 영부를 받는 사람에 따라 그 효과가 달랐다. 수운이 후에 영부를 받는 사람의 정성과 믿음이 중요하다고 강조하게 된 것은 이 때문이다. 『동경대전』, 「포덕문」.

부도符圖

　부도는 신의 명령이나 가르침이 나타나 있는 상징이나 그림을 말한다. 영부靈符도 같은 뜻이다. 종이가 발명되기 이전에는 대나무에다 그렸기 때문에 '符'라고 하였던 것으로 보인다. 수운은 경신년에 상제로부터 받은 영부를 「안심가」에서는 "생전못본 물형부物形符"라고 하였다. 말로 표현하기 힘든 신의 가르침이 생전 보지 못한 형태의 그림으로 나타난 것이다. 부도는 상제로부터 그것을 직접 받은 경험이 있는 수운은 말할 것도 없고 2대교주인 해월에게도 매우 중요한 동학의 자산이었다. 부도에 관한 언급이 나와 있는 동학의 기록들을 소개하자면 다음과 같다.

『도원기서道源記書』(1879)

　15일 이른 새벽에 선생께서 경상을 불러 말하기를 "이 도는 유·불·선 세 도를 겸하여 나온 것이다." 하니 경상(최시형)이 대답하여 말하기를 "어찌하여 겸해진 것입니까." "유도는 붓을 던져 글자를 이루고, 입을 열어 운韻을 부르고, 제사에 소와 양을 쓰니 이것이 유도라고 한다. 불도는 도량을 깨끗이 하고 손으로는 염주를 잡고, 머리에는 백납(승려가 쓰는 흰 모자)을 쓰고, 등을 켜니 이것이 불도이다. 또 선도는 용모를 바꾸어 조화를 부리고 의관은 채색이 있는 것을 입고, 제사를 지낼 때는 폐백을 쓰며 예주를 올리니, 이것이 선도의 특징이다. 그런데 우리 도는 때에 따라 그때그때 알맞은 제례의 방법을 따른다." 등등의 말을 하였다.

날이 훤하게 밝아오자 '수심정기守心正氣' 넉 자를 주며 말하기를 "일후日後로 병을 다스릴 때에는 이것을 행하여 쓰도록 하라."고 하며 또 부도符圖를 주고 특히 붓을 잡아 '수명受命' 두 자를 써주었다.

『해월신사설법海月神師說法』(1891)

궁을弓乙 영부는 우리 동학천도東學天道의 부도符圖다. 수운선생께서 득도 당시 세상 사람들이 다만 한울만 알고 한울이 곧 나의 마음인 것을 알지 못하는 것을 근심하여 심령이 약동불식躍動不息 하는 형상을 부도로 그려내신 것이다. 궁을은 우리 도의 부도요 천지의 형체이니라. 그러므로 동학천도의 영부란 성인(수운선생)이 받으셔서 이 영부로써 천도를 행하시고 이 영부로써 창생을 건져내는 것이다.

『시천교역사侍天敎歷史』(1920)

나에게 영부靈符가 있는데 이것은 불사의 선약仙藥으로써 그 형상은 태극과 궁을의 형상이다. 나의 이 영부를 받아 사람들을 병에서 건지고, 나의 이 주문을 받아 세상 사람들로 하여금 나를 위하게 한 즉, 너도 또한 장생하여 무위로 사람들을 변화시키고 포덕천하 하리라. 백지를 가다듬어 펴라는 천명에 따라서 주主(시천교에서는 수운을 제세주濟世主라 하였다-필자)께서 백지를 받들어 펴고 잠시 기다리니, 밝고 밝은 무늬가 아롱거리며 지면紙面을 따라 나아가며 둥글게 일어나고 곡선방향으로 휘어지며 차곡 차곡 쌓여가는 물형物形을 이루었으니, 이것을 바로 영부라 이르는 것이다.

않았다! 수운이 「포덕문」에 쓴 표현에 따르면 "세상 사람들은 각자위심各自爲心하여 불순천리不順天理하고 불고천명不顧天命하였던 것이다." 자신만을 위하고 하느님의 뜻을 따르지 않고 하느님의 명을 돌아보지 않는 것이다. 그래서 이제는 상제님을 위하도록 하여야 한다. 상제님은 그 방안으로 주문을 내려주었다. 그러므로 그 주문은 상제님을 위하는 주문이 되지 않을 수 없다. 수운이 지은 초기 주문이 '위천주爲天主' 주문이었던 것은 이러한 연유에서였다.

경신년 4월 5일에 시작된 상제님의 가르침은 근 일년 이상 계속되었다. 그 과정에서 수운은 상제님으로부터 여러 가지 시험을 당하기도 하였다. 『도원기서』에 의하면 상제님은 어느 날 수운에게 단번에 재상('백의재상')을 만들어주겠다고 하였다. 그러나 수운은 상제의 아들로서 어찌 재상이 되겠느냐고 그 제의를 거부하였다. 또 조화능력을 받으라고 해서 여러 가지 능력을 받았으나 그러한 조화들이 모두 세상에 있는 것이기 때문에 그것으로써 사람들을 가르치는 것이 옳지 않다고 여겨 거부하였다. 이후 수운은 상제님의 가르침이 있어도 그것을 행하지 않기로 작정하고 열하루 동안이나 단식을 하였다. 그러자 상제님은 '너의 마음이 곧 내 마음'이라고 하며 수운의 마음이 바름을 인정해주었다. 또 상제님은 수운에게 "너는 나의 아들이다. 나를 아버지라 부르도록 해라"고 하였다. 수운은 그리하여 상제님을 공경스럽게 아버지라 불렀다.

　수운은 상제님으로부터 직접 명을 받는 한편 마음을 닦고 기운을 바르게 하는 수련을 하였다. 수련을 통해 확신과 용기를 갖게 된 수운은 「용담가」, 「처사가」, 「교훈가」, 「안심가」 등의 한글 가사를 짓고 또 여러 가지 주문을 지었다.[31]

　상제님은 수운에게 상제님의 조화능력을 일깨워주었다.[32] 경신년 10월 어느 날 상제님은 수운에게 "내일 꼭 친산에 성묘를 가도록 하라"고 하였다. 수운은 그 다음날 갈 준비를 하였으나 갑자기 큰비가 내려 갈 수 없게 되었다. 그러자 상제님이 독촉하여 "어찌하여 늦는가? 즉시 성묘를 가라."고 하자 수운은 우구와 우의도 없이 비를 무릅쓰고 갔지만 젖은 곳이 하나도 없었다. 조카의 집에 가서 인마를 빌리려 하자 조카가 "이렇게 큰비에 왜 성묘를 하

---

31 『도원기서』에 의하면 '선생주문', '제자주문', '강령주문', '검결', '고자告字주문'의 순서로 지었다고 하는데 고자주문은 '백의동白衣童, 청의동青衣童'이다. 그 의미는 파악하기 힘들다.

32 우리가 흔히 쓰는 조화調和harmony가 아니고 조화造化이다. 인간의 능력과 이해를 넘어서는 소위 기적miracle을 만들어내는 것을 의미한다. 조화를 행하는 능력은 하느님에게 속한 것이므로 하느님을 '조화주造化主'라고도 한다. 우주 자체가 우리의 이해를 넘어서는 경이驚異라는 것은 말할 것도 없고 자연의 변화도 사실은 신기할 따름이다. 그래서 수운은 「포덕문」에서 다음과 같이 그 역시 천주 조화의 자취라고 하였다. "옛적부터 봄과 가을이 갈마들고 사시四時가 성하고 쇠함이 변치 않으니 이 역시 하느님의 조화가 남긴 자취가 온세상에 뚜렷한 것이다.(蓋自上古以來, 春秋迭代, 四時盛衰, 不遷不易, 亦是天主造化之迹, 昭然于天下.)"

시려 합니까?"라고 의아해 하였다. 수운은 억지로 인마를 준비하여 길을 떠나 50 리를 왕복하였지만 비에 젖기는커녕 태양이 머리를 둘러 있었다. 그가 데려간 하인도 조금도 젖지 않고 돌아와 조카는 크게 놀랐다. "종일 큰비가 내렸는데 어찌 젖지 않고 돌아올 수가 있었습니까? 참으로 기이하고 이상한 일입니다."하니 수운이 말하기를 "이것은 천주의 조화이다."라고 하였다. 이에 조카는 괴이하게 여겨 도를 전해 받기를 원했다.[33] 이것이 수운의 첫 포교였다.

영부와 주문

「포덕문」에 의하면 상제님은 수운에게 다음과 같이 명했다.

"나에게 영부가 있으니 나의 영부를 받아 사람들을 질병에서 건져내고 나의 주문을 받아내어 사람을 가르쳐서 나를 위하게 하면 너도 또한 장생하여 천하에 포덕하게 되리라."

요컨대 동학은 하느님을 위하는 가르침이며 상제님은 그를 위해 영부와 주문을 내려준 것이다. 그런데 영부란 무엇인가? 상제님은 영부를 "이름은 선약이요 그 형상은 태극이며 궁궁"이라고 하면서 그것을 갖고 사람을 고칠 수 있다고 하였다. 영부는 사람을 병에서 건지는 도구였다. 그래서 선약仙藥이라 한 것이다. 수운

---

33 『도원기서』, 39-40쪽.

자신이 영부를 그린 종이를 태워 물에 타서 탄복하였을 뿐 아니라 다른 사람들에게도 주었다. 물론 영부는 종이에만 그린 것은 아니다. 한문으로 된 세 번째 글인 「수덕문」에서 수운은 "가슴에 불사약을 지녔으니 그 형상은 궁을"이라 하여 영부가 마음과 연관이 있는 것임을 시사하였다. 동학의 2대교주 해월의 해석에 의하면 궁을은 '천

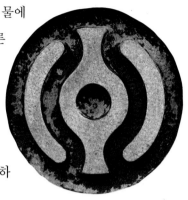

용담정 입구에 있는
최수운 대신사 동상에 새겨진 궁을

지의 형체'이고 태극은 (우주의) 현묘한 이치를 말한다.[34] 그러므로 태극과 궁을의 형상을 한 영부는 천지의 이치에 합한 마음, 하느님과 하나 된 마음을 뜻한다.[35]

수운은 또 동학에 입도하는 사람들을 위해 '제자주문弟子呪文'을 지었다. 제자주문은 다음과 같이 세 부분으로 이루어져 있다.

34 「영부주문」, 『천도교경전』, 천도교중앙총부, 포덕138년 (1998), 290쪽.

35 천도교와 마찬가지로 동학을 계승한 김연국의 상제교에서는 영부가 "천지 가운데 있으니 우주의 도형이고 만학의 원천이다. 병을 낫고 몸을 윤택하게 하니 신이한 기틀이 완결된 것이다. 이는 스스로 그러한 바 대로 있는 것이다."라고 하였다. 즉 영부를 "치병의 상징이자 신이 깃든 마음"으로 이해한 것이다. 최종성, 『동학의 테오프락시 : 초기동학 및 후기동학의 사상과 의례』, 민속원, 2009, 217쪽.

제자주문

초학주문 : 위천주 고아정 영세불망 만사의(爲天主 顧我情 永世不忘 萬事宜)

강령주 : 지기금지 원위대강(至氣今至 願爲大降)

본주문 : 시천주 조화정 영세불망 만사지(侍天主 造化定 永世不忘 萬事知)

'하느님을 위하면 내 사정을 돌보아 주시고 영원토록 하느님을 잊지 않으면 만사가 형통할 것이다.'라는 초학 주문은 동학에 입도한 제자가 자신만을 위하는 삶을 청산하고 하느님을 위한 삶을 살도록 하는 삶의 전환을 촉구하는 뜻을 담고 있다. 강령주는 하느님의 기운이 크게 내릴 것을 바라는 주문이다. 본주문은 제자가 동학교도 가 되고 나서 주로 외우는 주문인데 시천주 주문이라고 일컬어진다. 시천주 주문은 초학주문인 위천주 주문에 비해 동학의 핵심이념인 시천주 사상을 담고 있기 때문 에 영성적인 측면에서 훨씬 더 중요한 주문으로 여겨졌 다. 수운이 '동학론'이라 일컬어지는 「논학문」에서 상세 한 해설을 하고 있는 것이 바로 이 시천주 주문이다.

'시천주조화정 영세불망만사지'라는 열석자로 된 이

侍天主造化定永世不忘萬事知 至氣今至願爲大降

시천주 조화정 영세불망 만사지 지기금지 원위대강

시천주 주문

주문의 핵심은 모실 시侍자에 있다. 수운은 「논학문」에서 '시侍'의 뜻을 '내유신령內有神靈 외유기화外有氣化 일세지인一世之人 각지불이各知不移'라고 풀이하였다. 마음으로는 상제님의 영을 접하고 밖으로는 기화의 작용이 있어 모든 사람들이 그것을 알고 변하지 않는 것이라고 하겠다.[36] 이것이 지극히 하느님을 위하는 방법이다. 수운은 또 정定자를 풀이하기를 "그 덕에 합하고 그 마음을 정하는 것"이라고 하였다. 그러므로 천주를 지극히 모시면 저절로 하느님의 덕과 마음에 합한 사람이 된다는 뜻이다. 또 지知자를 풀이하기를 "그 도를 알고 그 지혜를 받는 것"이라고 하였다. 이는 시천주를 통한 하느님의 은혜를 분명히 깨닫고 그것을 잊지 않으면 하느님의 도와 지혜에 이르게 된다는 뜻이다. 수운은 결국 인간이 하느님의 덕을 마음으로 생각하고 잊지 않으면 "지극한 기운에 이르게 되고 지극한 거룩함에 도달한다"고 하였다.[37] 이는 다른 말로 하자면 성인의 경지에 이른다는 말이다. 그러므로 시천주의 궁극적 목적은 성인군자가 되는 것이다. 이러한 성인군자들 즉 지상신선들이 세상을 가득 채운다면 그 때 세상은 선

---

36 시천주 주문의 풀이에 대해서는 유철의 논문을 참조. 「동학의 시천주 주문」, 증산도상생문화연구소 편, 『잃어버린 상제문화를 찾아서 : 동학』, 상생출판, 2010. 유철에 의하면 "신령과 기화는 '모심'을 통해서 내가 경험하는 두 가지 현상을 안과 밖으로 표현한 것이다." 앞의 논문, 102쪽.

37 유철의 해석에 따르면 '시천주'와 '조화정'은 조건관계에 있고 '조화정'과 '만사지' 역시 조건관계에 있다고 한다. 그러므로 시천주 주문에서 대전제는 시천주이고 그 결론은 '만사지'이다. 「동학의 시천주 주문」, 116–119쪽.

경이 될 것이다.

한문으로 된 「논학문」에 나와 있는 시천주 주문의 해설은 문자께나 아는 사람들을 대상으로 한 글이라서 그런지 설명이 어렵다. 우리말로 지어진 「교훈가」에서는 좀 더 쉽게 표현되어 있다.

"나는 도시 믿지 말고 하늘님을 믿었어라. 네 몸에 모셨으니 사근 취원 하단 말가. 내 역시 바라기는 하늘님만 전혀믿고."

하늘님(하느님)에 대한 믿음을 강조한 것은 기독교와 전혀 다르지 않다. 그런데 수운은 하느님을 믿는 것 뿐 아니라 '모시는' 것을 말한다. 하느님을 네 몸에 모신다는 수운의 가르침은 성리학의 무신론적 신관과는 전혀 다르다. 인격적 상제관을 취했던 것이다.[38]

---

38 김용휘는 좀 다른 시각을 갖고 있다. 그는 경신년 4월 5일의 체험 이후 수 개월간 하늘님 체험이 계속되었다고 하면서 이 기간에 수운에게서 하늘님 관념이 큰 변화를 일으켰다고 주장한다. 즉 옥경대에 계시는 초월적 존재로부터 내 마음에 모셔져 있는 존재로 바뀌었다는 것이다. 즉 인격적 존재로서의 천이 내면화, 내재화되었다는 것인데 그 계기는 9월 21일의 강화降話였다고 한다. "내 마음이 곧 네 마음이니라.(吾心卽汝心)"로 시작되는 강화로 그 내용은 「논학문」에 실려 있다. 김용휘는 더 나아가 하늘님이 밖에 있는 것이 아니라 내 안에 있다는 천의 내재화는 나의 몸이 천을 모신 거룩한 성소라는 인식으로 거듭나게 된다고 지적한다. 따라서 인간은 상하귀천에 관계없이 모두가 하늘님을 모신 평등하고 거룩한 존재라는 인식에 이르게 된다는 것이다. 이것이 시천주의 천관이 정립되는 과정으로 파악하였다. 강령주문에 나오는 '지기至氣'는 이러한 내재적 신관을 뒷받침해주는 말이다. 수운은 지기를 우주의 궁극적 존재로 파악하는 한편 동시에 그것을 영적인 존재로 파악하였다. 그러므로 지기는 천주와 다름 아니다. 김용휘는 또 지기의 작동원리가 '무위이화無

그런데 어떻게 천주 즉 하느님을 모셔야 할까? 수운은 시천주를 위한 실천적 방안으로 주문수행을 제시하였다. 주문을 통해 수련을 하면 마음이 바로 잡힌다. 많은 책을 보는 것보다는 주문으로 마음을 닦는 것이 더 중요하다. "열세자 지극하면 만권시서 무엇하며 심학이라 하였으니 불망기의 하였어라"는 「교훈가」의 구절은 이를 명확히 드러내준다 할 것이다.

수도하는 사람은 마땅히 '성경신'을 갖고 수도에 임해야 한다. 도성덕립은 정성에 달려 있다. 영부의 효력도 정성에 달려 있다. 「좌잠座箴」에서 "우리 도는 별로 다른 도리가 없고 성경신 석자이다"라고 했으니 수운이 실천적으로 성경신을 얼마나 강조했는지 알 수 있다.

다시개벽

동학은 새로운 세상에 대한 비전을 갖고 있었다. '다시개벽'이 그것으로 다시개벽에는 세상의 운수가 순환한다는 믿음이 자리잡고 있다. 이러한 믿음은 그의 저술 특히 그의 가사에서 반복해서 나타난다. "천운이 순환하여 무왕불복"(「교훈가」) 하며 "쇠운이 지극하면 성운이 온다."(「용담유사」) 쇠운이 지배하는 세상은 시간이 가면 성운이 지배하는 새로운 세상으로 바뀌는 것이 우주의

爲而化'라고 하였다. 「수운 최제우의 시천주 사상 – 천관을 중심으로 – 」, 오문환 편, 『수운 최제우』, 예문서원, 2005, 108–115쪽.

이치이다. 수운은 쇠운이 지배하는 세상으로부터 승운이 지배하는 새로운 세상으로 넘어가기 위해서는 개벽이라는 시련을 겪어야 한다고 보았다. 원래 개벽이라는 말은 '천개지벽天開地闢'이라는 말에서 온 것으로 천지 즉 세상이 처음 열린 것을 의미한다. 이런 의미로서의 개벽은 수운 이전에 조선의 선비들에 의해서도 빈번하게 사용되었다. 수운 역시 그런 의미로 개벽이란 말을 사용한 적이 있다.[39] 그러나 수운은 세상이 태평성대로 넘어가기 위해 거쳐야 할 시련으로서 개벽을 '다시개벽'이라고 불렀다. 다시개벽이라는 말은 수운이 처음 사용한 말인데 그가 한글로 지은 가사에만 나오고 한문저술에는 나오지 않는다.

수운은 자신이 살던 시대가 쇠운의 지배를 받는 시대라고 믿었다. 당시의 도덕적 및 정치사회적 혼란이 그것을 입증해주는 것이다. 사람들은 '각자위심各自爲心'하여 '불순천리不順天理'하고 '불고천명不顧天命'한다. 이것도 쇠운의 증거이다. 또 악질이 만연하여 백성들이 잠시도 편안을 누릴 수 없다. 그는 더 나아가 서양이 중국을 공격할 때마다 승리하고 있는 것도 쇠운의 증거로 여겼다.[40] 그는 사람들이 이처럼 명백한 시운을 알지 못하여 자신의

---

39 "하늘님 하신 말씀 개벽후 오만년에 네가또한 첨이로다 나도 또한 개벽 이후 노이무공 하다가서 너를 만나 성공하니" 『용담유사』, 「용담가」. 그런데 『도원기서』에도 비슷한 용례가 소개되어 있다. 수운은 제자들에게 상제와 더불어 문답을 한 일이 개벽 이래 자기 외에 또 있느냐고 물었다. 『도원기서』, 87쪽.
40 그는 중국에 대한 서양의 연전연승으로 "천하가 절멸의 위기"에 처해 있다

말을 불신하는 것에 대하여 탄식하였다.

우리나라의 옛 천문도인 천상열차분야지도에서는 황도 12궁의 별자리에 12국을 나누어 배치하였다.

수운은 '다시개벽'을 무엇보다 '십이제국 괴질운수'와 연계시키고 있다. '십이제국十二諸國'은 온 세상을 가리키는 말로 보인다. 그러므로 '십이제국 괴질운수'는 태평성세가 도래하기 전에 온 세상이 겪게 되는 병겁을 말할 것이다.[41] 수운은 개벽기의 이러한 괴질이 삼년간이나 계속된다고 하였다.[42] 괴질이 지나가면 시운의 순환에 의해 요순성세와 같은 시대가 돌아올 것이다. 이렇게 찾아올 성운은 오만년 동안 지속된다. 수운은 한글 가사에서 오만년의 운수를 찬미한다.[43] 이러한 수운의 운수순환론은 12만 9천 600년을 주기로 운수가 순환한다는 소강절의 우주론으로부터 영향을 받았을 것이

고 하였는데 이 말에서 우리는 수운이 유가의 중국중심적 세계관의 잔재를 떨치지 못하지 않았나 의심하게 된다. 『동경대전』, 「포덕문」.

41 "가련하다 가련하다 아국운수 가련하다 전세임진 몇해런고 이백사십 아닐런가 십이제국 괴질운수 다시개벽 아닐런가"『용담유사』, 「안심가」. "십이제국 괴질운수 다시개벽 아닐런가 태평성세 다시 정해 국태민안 할것이니"『용담유사』, 「몽중노소문답가」.

42 "아동방 삼년괴질 죽을 염려 있을소냐"『용담유사』, 「권학가」.

43 『용담유사』, 「검결」, 「용담가」.

다.[44]

　그러나 수운이 소강절의 순환론적 우주론의 영향을 받아 후천 오만년을 운운하였던 것은 부인하기 힘들지만 개벽에 대한 믿음은 상제님으로부터 직접 가르침을 받은 것으로 보인다. 자신의 종교적 체험을 진솔하게 진술한 「안심가」는 상제님이 "개벽시 국초일을 만지장서 내리시고"라고 한 구절이 나온다. 이 구절에 대해서는 해석이 분분하다. 김지하는 우리 민족의 국가가 열릴 때의 일을 상제님이 자세히 보여준 것으로 해석한다. 즉 개벽을 후천개벽이 아니라 선천개벽으로 해석하는 것이다. 그래서 우리 상고사의 사정을 상세히 알려준 것으로 보았다.[45] 또 윤석산은 국초일이 수운이 상제로부터 무극대도를 받은 경신년 4월 5일을 가리킨다고 주장한다. 이는 수운이 도를 받은 날부터 후천이 시작된다는 것을 전제로 하는 주장이다.[46] 이런 식으로는 국초일을 만지장서 내린다는 것은 암만해도 이해가 되지 않는다. 이 구절 바로 뒤에 "십이제국 다버리고 아국운수 먼저하네"라는 말이 나오는 것으로 보아 후천개벽기 우리나라에서 일어날 일을 알려준 것으로 보인다. 그렇다면 후천개벽에 대한 가르침은 상제님으로부터 받은

---

44 양재학은 동학의 개벽관이 『주역』의 시운관에 토대를 두었다고 한다. 「무극대도 출현의 당위성」, 『증산도사상』, 증산도사상연구소, 2000, 1집, 226쪽.
45 김지하, 『사상기행 2』, 실천문학사, 1999, 72쪽.
46 윤석산, 『동학 교조 수운 최제우』, 262쪽.

것이라고 할 수 있을 것이다.

수운은 후천개벽기에 하느님이 우리나라를 특별히 대우할 것임을 내비쳤다. 위에서 인용한 「안심가」의 구절 "십이제국 다버리고 아국운수 먼저 하네"를 보라. 물론 우리나라 역시 개벽이란 시련을 겪어야 한다. 그러나 하느님은 수운을 통해 우리나라를 보전한다. "하느님이 내 몸 내서 아국운수 보전하네"라고 자신을 통해 하느님이 우리나라를 구원할 것임을 믿었다. 수운은 또 개벽기의 괴질로부터 살아낼 방도도 시사하였다. "그말저말 다버리고 하느님을 공경하면 아동방 삼년괴질 죽을 염려 있을소냐"고(「권학가」)은 삼년괴질에서 살아날 방안으로 하느님을 공경하는 것을 들었다. 그런데 하느님을 공경하는 것은 시천주에 다름 아니다.

여기서 하나 덧붙여 지적하고 싶은 것은 개벽과 연관된 수운의 가르침에서는 마음을 닦고 하느님을 공경하는 것 외에 개벽을 대비한 어떠한 적극적 집단활동도 논의의 대상이 되지 않았다는 점이다. 즉 그는 개벽으로 새로운 세상이 열린다고 보았지만 그를 위한 정치적 행동이나 운동을 제시하지는 않았던 것이다. 이것이 동학혁명기 동학 급진파들과의 차이였다. 그럼에도 불구하고 수운은 당국에 의해 '좌도난정'左道亂正의 죄로 처형되었다. 이는 동학의 급속한 확산이 양반 지배계급의 주자학 이데올로기에 대한

소강절 우주론

소강절邵康節(1011~1077)은 북송의 유학자로서 이름은 옹雍, 강절은 시호이다. 관직에 나가기를 거부하고 일생을 초야에 묻혀서 지냈다. 상수철학을 바탕으로 순환적인 우주론을 세웠다. 그는 하루가 12시로 이루어지며(옛날에는 오늘날처럼 하루를 24시간이 아니라 12간지干支로 나타내는 12시로 나누었다) 한 달은 30일, 일년은 열두 달로 이루어진다는 점에 착안하여 12와 30을 번갈아 곱하여 우주적 시간 단위인 '원회운세元會運世'를 확립하였다. 즉 일년을 30으로 곱한 30년이 1세世이며, 다시 1세에 12를 곱한 360년이 1운運, 그리고 360년에 30을 곱한 10,800년이 1회會, 여기에 12를 곱한 것이 1원元인 129,600년이다. 소강절은 이 1원이 우주의 한 사이클(주기) 즉 우주 1년이라 보았다. 이러한 우주론의 바탕을 이루는 것은 음양론이다. 밤낮으로 이루어지는 하루, 춘하추동으로 이루어지는 1년은 그 자체가 완벽한 음양론의 예가 되는데 이를 우주적 순환으로 확대시킨 것이다. 우주 1년도 하루처럼 음양으로 이루어지는데 그것이 선천先天과 후천後天이다. 주역의 건괘乾卦와 곤괘坤卦는 각각 양과 음, 선천과 후천을 상징하는 부호이다. 소강절은 『황극경세서皇極經世書』에서 그의 우주론을 펼쳤다. 후대의 주자는 소강절을 주돈이周敦頤(호는 염계濂溪), 정호程顥(호는 명도明道) 정이程頤(호는 이천伊川) 등과 함께 도학의 중심인물로 높이 평가하였다. 주자의 가르침을 금과옥저처럼 여긴 조선의 유학자들은 소강절의 우주론을 그대로 받아들였다.

심각한 위협으로 인식되었기 때문일 것이다.[47]

물론 수운이 당시의 개탄스런 정치·사회적 현실에 대해 눈을 감고 있었던 것은 아니다. 서양의 중국침략으로 조선이 순망치한 脣亡齒寒의 위기에 처했다는 것이나 유교와 불교가 모두 운이 다했다는 지적 또 당시의 세상은 요순이나 공맹이 오더라도 안 될 것이라는 탄식 등은 부인할 수 없는 현실 인식에 입각한 것이다. 그러나 수운은 개탄스런 현실을 뒤엎고 새로운 세상을 건설하기 위해 정치적 행동을 주장하지 않았다. 혹자는 수운이 「검가」를 짓고 이 노래에 맞추어 '검무劍舞'를 추었다는 기록을 근거로 수운이 반란을 꾀하는 불순한 마음을 갖고 있었다고 주장한다.[48] 조선 정부의 『비변사등록』이나 『일성록』 등에 실린 기록을 통해 볼 때 수운이 제자들과 함께 의식을 행하면서 칼춤을 추었던 것은 사실로 보인다. 그러나 그것은 어디까지나 종교적 의식에 불과하였다. 수운이 제자들을 군사적으로 훈련을 시켰다든지 추종자들로 이루어진 군사조직을 결성하려 하였다는 증거는 어디에도 없다. 그는 오히려 새로운 세상에 대한 제자들의 조급한 마음을

---

47 강재언, 『한국근대사연구』, 한울, 1982, 151–152쪽.

48 『용담유사』, 「검결劍訣」. "시호시호 이내시호 부재래지 시호로다 만세일세 장부로서 오만년지 시호로다. 용천검 드는 칼을 아니 쓰고 무엇하리. 무수장삼 떨쳐입고 이칼저칼 넌즛들어 호호망망 넓은 천지 일신으로 비껴서서 칼노래 한 곡조를 시호시호 불러내니 용천검 날랜 칼은 일월을 희롱하고 게으른 무수장삼 우주에 덮여 있네. 만고명장 어디 있나 장부당전 무장사라. 좋을시고 좋을시고 이내신명 좋을시고."

타이른 글에서 "산하대운이 모두 이 도에 돌아오니" 오직 마음을 바르게 해야 함을 강조하였다.[49]

동학과 서학

수운은 신유년 포덕이 시작되자 자신에게 와서 도를 묻는 선비들에게 자신의 도가 '천도天道'라고 하였다. 그는 천도를 '무왕불복지리無往不復之理'라고도 표현하였다. 같은 「논학문」에 있듯이 "사시성쇠와 풍로상설이 그 때를 잃지 않고 그 차례를 바꾸지 않는 것"이 천도가 엄연히 존재함을 나타내는 것이다. 물론 이러한 천도는 형용하기가 어렵고 "형상이 없는 것 같아" 파악하기 쉽지 않다. 그런데 계절이 순행하고 사시가 법칙을 어기지 않는 것은 하느님의 조화 때문이다.[50] 수운은 자신의 도가 이러한 천지의 주재자인 하느님으로부터 받은 도이기 때문에 천도라 한 것이다. 그러나 당시 조선에 유행하던 서양 기독교도 하느님의 도를 전하는 가르침이다. 수운이 받은 도가 서양 기독교와 어떻게 다른지를 사람들이 묻자 수운은 "양학洋學은 우리 도道와 같은 듯하나 다름이 있고 비는 것 같으나 실지가 없느니라. 그러나 운運인 즉 하

---

49 『동경대전』, 「탄도유심급歎道儒心急」.

50 『동경대전』, 「포덕문」. "옛적부터 봄과 가을이 갈아들고 사시가 성하고 쇠함이 변치 않으니 이 또한 하느님의 조화가 남긴 자취가 온세상에 뚜렷하게 나타난 것이다."(蓋自上古以來, 春秋迭代, 四時盛衰, 不遷不易, 是亦天主造化之迹, 昭然于天下.)

나요 도道인 즉 같으나 이치인 즉 아니니라."고 대답하였다.[51]

수운의 이 대답은 이해하기가 쉽지 않다. 서학과 동학은 운과 도가 같지만 그 이치는 다르다는 것이다. 서학도 동학처럼 하느님을 믿는 종교이고 그 운도 같다. 단지 그 가르침의 내용은 다르다는 뜻으로 보인다.[52] 수운에게 도를 배우러 온 사람들은 이 설명이 잘 납득되지 않았다. 그래서 왜 그런지 설명을 요구하였다. 이에 수운은 다음과 같이 대답한다.

"우리 도는 무위이화라. 그 마음을 지키고 그 기운을 바르게 하고 하느님 성품을 거느리고 하느님의 가르침을 받으면 자연스런 가운데 되어지는 것이요 서양 사람은 말에 차례가 없고 글에 순서가 없으며 도무지 하느님을 위하는 단서가 없고 다만 제 몸만을 위하여 빌 따름이라. 몸에는 기화지신이 없고 학에는 하느님의 가르침이 없으니 형식은 있으나 자취가 없고 생각하는 것 같지만 주문이 없는지라. 도는 허무한 데 가깝고 학은 하느님을 위하는 것이 아니니 어찌 다름이 없다 하겠는가."(吾道, 無爲而化矣. 守其心正其氣, 率其性受其教, 化出於自然之中也. 西人 言無次第, 書無皀白而, 頓無爲天主之端, 只祝自爲身之謀. 身無氣化之神, 學無天主之教, 有形無

---

51 『동경대전』, 「논학문」 洋學如斯而有異, 如呪而無實, 然而運則一也, 道則同也, 理則非也.

52 『동경대전』 영역본에는 이 부분을 다음과 같이 번역하였다. "The Western religion is similar but different. It has the appearance of worshipping God, but has no substance. They both have the same destiny as religions and their Way (Truth) is identical, but their doctrines are different." *Chondogyo Scripture* p. 9.

迹, 如思無呪, 道近虛無, 學非天主, 豈可謂無異者乎.)(「논학문」)

　설명도 어렵기는 마찬가지다. 서학에서는 하느님을 위하는 단서가 없다. 서학에서 기도하는 자는 그 자신만을 위해 빈다. 그러므로 몸에는 하느님의 작용이 나타나지 않는다. 또 그 교리에는 하느님이 내린 가르침이 없다. 결국 서학은 하느님을 위하는 것 같지만 실제는 그렇지 않다는 것이다. 이에 비해 수운의 도는 '마음을 지키고 기운을 바르게(수심정기守心正氣)'하며 '하느님으로부터 받은 성품을 거느리고 하느님의 가르침을 따르면(솔성수교率性受教)' '무위이화'가 되는 도이다.

　제자들은 또 묻는다. 수운이 받은 도가 서학과 같은 천도라고 한다면 서학이라고 불러도 되는가 라는 물음이었다. 이에 대해 수운은 단호히 아니라고 하였다. 그 대답을 그대로 전재하면 다음과 같다.

　　"내가 또한 동에서 나서 동에서 받았으니 도는 비록 천도나 학인 즉 동학이라. 하물며 땅이 동서로 나뉘었으니 서를 어찌 동이라 이르며 동을 어찌 서라고 이르겠는가. 공자는 노나라에서 나서 추에서 도를 폈기 때문에 추로지풍이 이 세상에 전해오게 된 것이거늘 우리 도는 이 땅에서 받아 이 땅에서 폈으니 어찌 가히 서도라고 이름 하겠는가."(吾亦生於東, 受於東, 道雖天道, 學則東學. 況地分東西, 西何謂東, 東何謂西. 孔子生於魯風於鄒, 鄒魯之風, 傳遺於

서학西學

원래는 중국으로부터 전래된 한역漢譯 서양 서적이나 서양의 문물과 사상을 연구하는 학문을 의미하였으나 점차 천주교가 조선에 들어와 확산됨에 따라 기독교를 의미하게 되었다. 조선의 천주교는 명대 말부터 중국에 파견되어 선교활동을 하던 예수회 신부들과 조선 선비들의 접촉을 통해 조선에 전래되었다.

서학은 조선 조정에 의해 공식적으로 금지되어 있어 집회와 미사는 비밀리에 열렸으며 여러 차례에 걸쳐 박해가 있었다. 순조 임금(재위 1800~1834)과 그 뒤를 이은 헌종 임금(재위 1834~1849) 때 권력을 잡았던 외척 김조순金祖淳 일파는 천주교에 대해 관대한 정책을 펼쳤다. 그러나 이들 안동 김씨 일파와 권력을 놓고 대립한 풍양 조씨들은 헌종 임금 때 권력을 잡게 되자 안동 김씨의 관용정책을 비판하고 천주교를 박해하였다. 그 중심인물이 순조의 아들인 효명세자의 장인이던 조만영趙萬永이었다. 이 풍양 조씨 정권에 의한 박해가 1839년의 '기해교난己亥敎難'이다. 이 박해에서 100명이 넘는 천주교도들이 순교하였는데 그 가운데 한 사람이 조선교회의 지도자인 정하상丁夏祥이었다. 정하상은 정약용의 형인 정약종의 둘째 아들이었는데 1801년 신유박해 때에 아버지와 형을 잃었다.

철종대에는 천주교에 대한 박해가 없어 천주교의 교세가 이 시기에 크게 확대되었다. 대원군의 부인이자 후일 고종의 모친이 되는 민씨도 천주교도였으며 어린 고종을 키운 유모 박마르다도 천주교도였다.

斯世. 吾道, 受於斯布於斯, 豈可謂以西名之者乎.)

서양 기독교와 마찬가지로 하느님으로부터 받은 천도이지만 이
땅에서 받은 것이므로 서학이 아닌 동학이라고 한다는 주체의식
이 분명하였다. 동학은 하느님의 가르침이지만 그것은 이 동방 땅
에서 받아 이 동방의 인민들을 대상으로 펼칠 것이기 때문에 서
학과 다른 동학이었다.

이러한 날카로운 동서의 대립 관념에 입각한 수운의 동학 창도
에 있어 서학의 도전과 서양 세력의 위협이 중요한 배경이 되었음
은 부인하기 힘든 사실이다. 『동경대전』의 「포덕문」과 「논학문」에
는 경신년 천상문답 사건의 배경으로 서양의 위협이 분명히 적시
되어 있다.

주지하다시피 서양인들은 16세기 말부터 바다를 건너 동양으
로 왔지만 조선과 인접한 중국을 무력으로 위협하기 시작한 것
은 아편전쟁(1840~1842) 때부터였다.[53] 중국이 홍콩을 넘겨주고 다
섯 항구를 개방하는 등 영국과 불평등한 조약을 체결하였다. 영
국 상선 애로우 호 사건과 기독교 선교사 피살 사건을 구실로 영

---

53 중국과 전쟁을 벌인 영국은 광동무역을 주도한 나라이다. 당시 광동무역은
영국의 특권무역회사인 동인도회사에 의해 이루어졌는데 영국은 중국으로부
터 차를 대거 수입함으로써 무역적자를 면하지 못했다. 그래서 나온 방안이
인도산 아편을 중국에 수출하는 것이었다. 아편은 중국사회에 널리 확산되었
지만 당국이 금하는 물품이었기 때문에 중국과 영국 간의 충돌이 빚어졌다.

국과 프랑스는 1857년 광저우를 점령하고 톈진 조약을 강요하였다.[54] 톈진 조약에는 아편무역의 합법화와 기독교의 공인이 포함되었다. 1860년 조약의 비준을 청조가 반대하자 영불 양국이 2만명의 군대를 공동출병하여 북경을 점령하였다. 당시 황제인 함풍제咸豊帝는 외국군대를 피하여 열하熱河로 도주하였다. 동아시아의 종주국 노릇을 하던 청나라의 패배와 외국군대의 북경점령은 조선과 일본에도 큰 충격을 주었다. 러시아도 이 시기에 만주로 진출하여 연해주를 자신의 영토로 만들었다.

서양열강들의 위협은 먼 나라의 이야기만이 아니었다. 영국과 프랑스, 러시아 선박들이 조선 해안에 나타났기 때문이다. 18세기 말 구체적으로 이야기하자면 1787년에는 프랑스 군함이 울릉도에, 1797년에는 영국 군함이 동해안에 나타나 해안을 탐사한 후 영흥만에 입항하였다. 1816년에는 영국 군함 두 척이 서해안을 측량하고 군산만에 입항하였다. 1832년에는 영국 상선이 충청도 앞바다의 고대도에 정박하여 통상조약 체결을 요구하였다. 1845년에는 영국 군함이 제주도에 상륙하여 약탈을 하고 물러갔다. 그다음 해인 1846년에는 프랑스의 극동함대 군함 세 척이 충청도 앞바다에 나타나 수년전에 프랑스 신부가 살해된 것을 문책하였다.

---

54 애로우 호 사건은 중국 관헌이 해적행위와 밀수를 단속하기 위해 애로우 호에 승선하여 12명의 중국인 선원들을 체포하고 영국의 국기가 중국 군인들에 의해 강제로 끌어내려진 것을 구실로 영국 해군이 광저우 일대를 공격한 사건을 말한다.

중국이 개방된 이후인 1840년대에는 조선 연안에 출몰하는 서양 선박의 수가 늘어났다. 『헌종실록』에는 다음과 같은 기사가 실려 있다.

> "이해 여름·가을 이래로 이양선異樣船이 경상·전라·황해·강원·함경 다섯 도의 대양大洋 가운데에 출몰하는데, 혹 널리 퍼져서 추적할 수 없었다. 혹 뭍에 내려 물을 긷기도 하고 고래를 잡아 양식으로 삼기도 하는데, 거의 그 수를 셀 수 없을 정도로 많았다."(是歲夏秋以來, 異樣船, 出沒隱現於慶尙、全羅、黃海、江原、咸鏡五道大洋中, 或漫瀾無以蹤跡之, 或下陸汲水, 或叉鯨爲糧, 殆無以計其數也.)[55]

당시 수운은 전국을 떠돌며 장사를 하고 있던 시기였다. 1850년대에는 영국과 프랑스 선박 외에도 미국과 러시아 배들도 조선 연안에 나타나기 시작하였다. 1853년 러시아 군함 두 척이 동해안을 세밀히 측량하고 영일만에서부터 두만강 하구의 조산에 이르기까지 여러 곳에 상륙하여 조선인들과 접촉하고 때로는 폭행사건도 일으켜 민심을 어지럽게 만들기도 하였다.

동아시아에서의 서양 세력의 위협에 대해 정보가 어두웠던 조선 정부도 늦게나마 소문을 들었다. 예를 들어 아편전쟁의 발발에 대해서는 북경에 다녀온 동지사를 통해 9개월 뒤에야 소식을 들었는데 영길리국인(영길리英吉利는 영국을 말한다 - 필자)이 교역을

---

55 『헌종실록』, 헌종 14년 (1848) 12월 29일.

불허한다는 이유로 바다를 건너 침범하여 정해현을 함락, 지금까지 점거하고 있으며 강소성, 산동성, 직예성, 봉천성 등에서도 소요를 일으켰다는 것 그리고 재산을 노략질하고 부녀를 겁탈하여 황제가 군대를 출동시켰다는 간략한 내용이었다.[56] 1860년 영불연합군의 북경 점령은 조선인들에게는 훨씬 충격적인 사건으로 다가왔다. 서양오랑캐가 중국의 수도를 점령하고 중국 황제는 그들을 피해 만주로 도주하였다는 소식은 조정 뿐 아니라 일반 백성들에게도 널리 알려져 큰 두려움을 자아내었다. 서양인들이 곧 침략해 올 것이라는 소문도 나돌아 피난을 가는 사람들도 많이 나왔다.

수운은 득도 후 초기에 지은 「포덕문」에서 "서양은 싸우면 이기고 치면 빼앗아 이루지 못하는 일이 없으니 천하가 다 멸망하면 또한 순망지탄이 없지 않을 것이라. 보국안민의 계책이 어디서 나올 것인가.(西洋, 戰勝功取, 無事不成, 而天下盡滅, 亦不無脣亡之歎. 輔國安民, 計將安出.)"라고 탄식하였다. 중국이 서양의 침략에 무너지면 조선도 같은 위협에 직면하게 될 것이라는 인식이었다. 또 남원에 피신했을 때 쓴 「논학문」에서도 당시 항간에 떠돌던 소문을 소개하고 있다.

"서양 사람은 도성입덕하여 그 조화에 미치어 이루지 못하는 일이

---

56 이광린, 『한국사강좌 V 근대편』, 일조각, 1981, 9쪽.

없고 그 무력공격 앞에 당할 사람이 없으니 중국이 소멸하면 어찌 순망지환이 없겠는가.(西洋之人, 道成立德, 及其造化, 無事不成, 功鬪干戈, 無人在前, 中國燒滅, 豈可無脣亡之患耶.)"

사람들은 서양이 하는 싸움마다 이기고 하는 일마다 성공하는 것은 그들이 천시를 알고 천명을 받은 때문이라 생각하였다. 수운은 이러한 설명에 대해서는 의구심을 갖고 있었지만 서양의 위협과 그로 인한 혼란에 대해서는 두려움을 가졌던 것이 분명하다.

"내 또한 두렵게 여겨 다만 늦게 태어난 것을 한탄하였다."(吾亦悚然, 只有恨生晩.)

수운이 상제님으로부터 도를 받던 당시 조선에서는 서학이 큰 기세를 떨치고 있었다. 주지하다시피 조선에 서학 즉 천주교가 전래된 것은 중국에 오가던 사신들을 통해 마테오 리치를 비롯한 예수회 신부들이 지은 한문으로 된 서적들이 소개되면서부터였다. 조선 선비들은 서양 문물에 대한 관심에서 한역 천주교 서적을 연구하였다. 그리하여 17세기 초 허균과 같은 천주교 신자가 나오게 되었다.[57] 많은 선비들이 천주교에 뛰어든 것은 경기도 광주에 살던 성호 이익을 통해서였다. 남인 출신의 학자 이익은 관직

---

57 류홍렬,『한국의 천주교』, 세종대왕기념사업회, 2000, 62-63쪽. 허균은『홍길동전』을 지은 사람으로 1614년과 1616년 두 차례 북경을 다녀왔는데 그 때 천주교 서적을 들여와 국왕인 광해군에게 바치기도 하였다.

에 뜻을 두지 않고 은거하면서 오로지 학문 연구와 제자 양성에 헌신하였다. 그는 마테오 리치의 『천주실의天主實義』, 아담 샬의 『주제군징主制群徵』, 판토하의 『칠극七克』 등 천주교 서적을 읽고 제자들과 토론하였다. 그의 문인들 가운데 다수가 천주교도가 되었다. 권철신, 정약전, 이벽 등의 젊은 선비들은 1779년 경기도 앵자산 주어사에서 천주교 교리 세미나를 갖고 또 수도도 하였다. 그들과 함께 하였던 이승훈은 동지사 사행의 일원으로 북경에 가서 서양 신부로부터 영세를 받고 돌아와 조선 교회를 세웠다. 몇 년 지나지 않아 조상제사를 폐하는 사람들이 나와 윤지충을 비롯한 두 사람이 처형되고 여러 사족 출신의 천주교도들이 유배를 갔다. 이것이 1791년에 있었던 '진산珍山사건'이다.[58] 1801년 신유년에는 천주교도들에 대한 대대적 박해가 있어 이승훈을 비롯한 조선 천주교 지도급 인사들과 중국인 신부 주문모를 비롯한 100여 명의 천주교도가 처형되었다. 1839년 기해년에도 사학을 토벌한다는 명분으로 박해가 가해져 3인의 프랑스 신부들을 비롯하여 80명 가까운 순교자들이 나왔다. 또 1842년에는 조선인 신부 김대건을 비롯한 10여 명이 처형되었다.[59]

---

58 진산은 대전에서 전라도로 넘어가는 대둔산 밑의 고을이다. 당시에는 전라도에 속해 있었다. '분주폐제焚主廢祭' 즉 신주를 태우고 제사를 폐하는 문제로 큰 충격을 받은 사족들이 진산 사건을 계기로 대거 천주교에서 탈락하고 중인들과 평민들이 그 뒤를 이었다고 한다. 강재언, 『서양과 조선』, 학고재, 1998, 139쪽.

59 강재언, 『서양과 조선』, 201쪽.

이러한 박해에도 불구하고 천주교는 계속 세를 넓혀갔다. 1830
년대에는 프랑스 외방선교회 소속의 신부들이 조선 천주교도들
을 지도하기 위해 조선에 들어왔다. 19세기에는 예전과는 달리 여
성들과 일반 서민들 사이로 천주교가 파고들었다. 최수운의 청년
시절이던 철종 임금(1849~1863) 때에는 천주교도들에 대한 관용정
책이 펼쳐졌다. 이전에 박해를 주도하던 풍양 조씨 세력이 몰락하
고 안동 김씨 세력이 정권을 잡았기 때문이다. 철종 임금의 할아
버지인 은언군과 할머니인 송씨는 천주교도로서 신유박해(1801)
때 처형된 사람들이다. 당국의 관용을 틈타 이 시기에 천주교도
들의 수가 크게 늘었다. 1850년대에는 천주교도 수가 1만 명을 훨
씬 넘어섰으며 사제를 양성하기 위한 신학교도 세워졌다.[60] 그러
므로 수운이 상제님과의 문답에서 상제님이 "사람들에게 이
법을 가르치라"고 하자 대뜸 당시에 흥왕하던 천주교 즉 서학
으로 사람들을 가르쳐야 하는지 반문한 것은 그리 놀라운 일
은 아니다.

동학은 서학이 조선 사회에 널리 침투하고 서양의 위협이 동양
에서 현실화되고 있을 때 태동한 것이다. 다시 말해 동학의 태동

---

60 류홍렬, 『한국의 천주교』, 126~127쪽. 조선 최초의 신학교는 1856년 충청도
제천 배론에 세워졌다. 당시 왕족들 가운데서도 천주교에 입교하는 사람이
나왔다. 후에 대원군이 되는 이하응의 부인 여흥 민씨가 그러한 사람의 하나
로써 고종 임금의 모친이다.

에는 서양의 위협이 크게 작용하였다. [61] 후일 수운을 체포하여 심문한 경상감사 서헌순의 장계狀啓에도 수운이 동학을 창건하는 데에 서양의 위협이 중대하게 작용하였음을 분명히 하고 있다. 그 부분을 좀 길지만 소개하면 다음과 같다.

"최복술은 경주 백성으로서 훈학을 업으로 하고 있었는데 양학이 나오고 있다는 소문을 들었다 한다. 양학이 세력을 떨치자 의관지 류로서 차마 볼 수 없어 하늘을 공경하고 천지를 순종하는 마음으로 위천주고아정 영세불망만사의라는 13자를 지었고 이름을 동학이라 하였는데 이것은 동국東國이라는 뜻을 담았다고 하였다. 양학은 음이라 할 수 있고 동학은 양이라 할 수 있는데 양이 음을 제어하려면 늘 13자 주문을 읽어야 된다고 한다. (중략) 복술을 다시 문초하니 경신년에 서양이 먼저 중국을 점령하고 다음으로 우리나라에 나오려 한다는 말을 들었는데 앞으로 있을 변란이 예측하기 힘들다고 하였다. 서양의 글은 반드시 규 자로 이름하고 있으니 규 자는 활궁 밑에 두 점이 들어 있기에 불살라 마시면 액막이가 될 수 있다 하였다. 초학시에 신령이 통하여 몸이 떨리더니 하루는 하느님이 가르쳐주시기를 근일 바다를 왕래하는 선박은 모두 서양인들의 것이다. 검무가 아니면 이를 제압할 수 없다고 하며 검가 한편을 주었다. (중략) 조상빈은 복술을 만나보니 하느님이 내려와 정녕 나에게 가르침을 주었다고 하였으며 이르기를 금년 2

61 아시아의 천년왕국 운동을 비교분석한 미국의 이홍범 교수도 동학의 태동에 있어 서양의 위협이라는 요소를 지적한다. Hong Beom Rhee, *Asian Millenarianism*, New York, Cambria Press, p. 201.

월과 5월 사이에 서양 사람이 용만龍灣으로부터 나오게 되면 나의 통문을 기다렸다가 일제히 뒤따라나서라 하였다. 이 검무를 익힌 이들이 보국안민의 공훈을 세우게 되면 나는 고관이 되고 너희들도 각기 다음 자리를 맡게 되리라 하였다. (중략) 복술을 세 번째로 문초하니 서양인이 나오면 사특한 마귀의 가르침에 속임을 당할 것이니 갑자년에는 전해진 말처럼 궁궁이재 해야 한다 하였다. 이른바 귀마가 와서 정녕 일러 말하기를 계해년 12월 19일에 서양인이 나오므로 갑자년 정월이면 소문이 있을 것이라 하였고 계해년 10월에는 너는 하양 현감이 되며 12월에는 이조판서가 될 것이라 하였다 한다. (중략) 복술을 네 번째로 심문하니 옥편 등의 글자 해석에 규 자를 도경道經이라 하였으므로 서학은 이 도경의 종류와 같은 것이라 멋대로 추측하여 그 이익됨이 규 자에 있다고 하여 그것을 취하였으며 궁 자 밑에 점이 둘 있으므로 곧 궁궁이 되는 것이라 하였다. 계해년 12월을 기한으로 하여 소식이 없게 되면 배우는 자들이 진실되지 못하다고 여길까 두려워 갑자년 10월 11월로 바꾸었다 한다. 만일 10월이 지나면 배울 뜻을 그만두고 서로 맹약하여 전량錢糧과 갑병甲兵 등을 마련하여 서양도둑이 나오면 주문과 검무를 가지고 막을 것이며 하느님의 도움으로 적장을 잡도록 준비하라 하였다. 원보를 다시 문초하니 복술이 이르기를 서양도둑은 화공을 잘하니 갑병으로 대적할 것이 아니라 오직 동학이라야 그들을 진멸할 것이라 하였으며 또 말하기를 서양인은 일본으로 들어가 천주당을 세우고 우리나라로 나와 또한 이 당을 세울 것이니 내가 마땅히 초멸할 것이라 하였다. 정화를 다시 문초하니 최한이 말하기를 나무칼은 쇠칼보다 이로우니 양인의 눈을 현혹시키면 보검으로 알 것이니 비록 단단한 갑옷과 날카로운 병기로도 감히 우리에게 접근하지 못할 것이라 하였다. (하략)"[62]

이 장계를 통해 볼 때 수운이 서양인들의 침략에 대해 염려하고 있었으며 서양인들에 대해서는 무기로서가 아니라 동학으로, 구체적으로 말해 동학의 주문과 부적, 검무 등의 힘을 빌려 물리치려 하였음을 알 수 있다. 그러므로 동학은 애초부터 서양의 위협에 대해 '보국안민'의 과제를 안고 태동했다고 해도 과언이 아니다. 물론 수운 재세시에 서양의 침략이 본격화되지 않아 그 반서양, 반제국주의의 요소는 잠재해 있을 수밖에 없었다. 그러다가 1890년대에 교조신원운동과 함께 그 요소가 폭발하여 동학을 반외세, 반제국주의 운동으로 몰아간 것이다.

포덕

동학에서 포덕이라 함은 동학을 널리 사람들에게 전파하는 것을 말한다. 그런데 수운은 처음에는 자신이 상제님으로부터 받은 가르침을 다른 사람들에게 가르칠 생각은 없었다. 『동경대전』에 실려 있는 「수덕문」에는 그것이 분명히 드러나 있다.

---

62 「경상감사서헌순장계」. 표영삼, 『동학 1』, 309–316쪽에 원문과 번역이 실려 있다.

"포덕할 마음은 두지 않고 오로지 치성만을 생각하였다.(不意布德之心 極念致誠之端)"

치성은 상제님에 대해 지극히 공경한 마음으로 정성을 다하는 것을 의미한다. 그러나 이는 오로지 하느님에 대한 수운의 수직적 관계에 그칠 뿐이다. 수운이 애초에 도를 구한 것은 자신만의 행복을 위한 것이 아니었다. 혼란스러운 세상을 구하고 세상에 제시할 수 있는 새로운 삶의 길을 찾기 위한 것이 아니었던가? 상제님이 수운에게 내려준 영부와 주문은 수운 혼자만 누리라고 내려준 것은 분명 아니었다. 하지만 수운에게는 포덕의 마음이 일어나지 않았다. 사람들이 자신의 말을 믿지 못할 것이라는 두려움 때문이었을까? 사실 그의 부인을 포함하여 가족들도 처음에는 수운의 말을 믿지 못했다. 심지어 수운이 미쳤다고 생각해서 손을 잡고 울 정도였다.[63] 그러니 포덕할 마음이 선뜻 들지 않았을 것이다.

수운이 가족 외에 처음으로 도를 전한 사람은 조카 맹륜이었다. 맹륜은 앞에서 본 것처럼 수운이 친산에 성묘를 갔을 때 큰 비가 내렸지만 인마人馬가 조금도 젖지 않은 것을 보고 도를 배우기

---

63 『용담유사』, 「안심가」. "집안사람 거동보소 경황실색 하는 말이 애고애고 무삼 일로 이러한고 애고애고 사람들아 약도사 못해볼까 침침실야 저문 밤에 눌로 대해 이말 할꼬 경황실색 우는 자식 구석마다 끼어있고. (중략) 내 역시 정신없이 처자 불러 묻는 말이 이 웬일인고 저런 부 더러본가 자식의 하는 말이 아버님 이 웬일인고 정신수습 하옵소서 벽지 펴고 붓을 드니 물형부 있단 말씀 그도 또한 혼미로다 애고애고 어머님아 우리 신명 이 웬일인고 아버님 거동보소 저런 말씀 어디 있노 모자가 마주앉아 수파통곡 한창할 때."

를 청했던 것이다. 당시 경주향중에서는 수운이 무당처럼 신이 들렸다고 손가락질 하거나 서학에 물들었다고 흉을 보는 사람들이 많았는데 조카 맹륜이 자청하여 도를 배우기를 청했던 것은 매우 중요한 의미를 갖는다. 포덕이 가능함을 시사해주는 것이었기 때문이다.

본격적인 포덕은 1861년 신유년 6월부터 시작되었다. 『도원기서』에 의하면 수운이 득도했다는 소문이 주변에 퍼져 풍문을 듣고 찾아오는 사람들이 많았다. 이제까지 사람들과 담을 쌓고 지내왔는데 이제 집의 문을 활짝 열고 도를 듣기 위해 찾아오는 사람들을 맞게 되었다. 수운은 찾아온 이들에게 자신의 득도과정을 밝히고 상제님으로부터 받은 가르침을 전해주는 한편 주문 읽은 방법과 수도하는 방법을 가르쳐 주었다. 포덕을 위한 글들도 지었다.

그는 상제님으로부터 받은 영부를 사람들에게 자신처럼 불에 태워 탄복하게 하였으며 주문을 가르쳐주어 외우게 하였다. 그리고 밥을 먹을 때에는 반드시 하느님에게 감사하는 식고食告를 하게 하였으며 마음을 지키고 기운을 바르게 하여(수심정기守心正氣) 악을 버리고 선을 행하며 물욕을 버리며 부당한 이익을 취하지 않으며 유부녀를 취하지 않으며 다른 사람의 잘못을 꼬집어 말하지 않으며 악육(개고기)을 먹지 않으며 신信·경敬·성誠 석자를 으뜸으로 삼을 것을 가르쳤다.

동학에 입문하는 사람들의 수는 급속히 늘어났다. 당시 조선은 내부적으로 피폐하여 새로운 삶의 길이 절실히 요구되고 있었기 때문일 것이다. 수운 스스로 「교훈가」에서 말하기를 "그럭저럭 지내다가 통개중문 하여두고 오는 사람 가르치니 불승감당 되었더라. 현인군자 모여들어 명명기덕 하여내니 성운성덕 분명하다"고 할 정도로 많은 사람들이 수운에게 도를 배우기 위해 찾아왔다. 수운의 양녀 주씨도 다음과 같이 증언하였다.

> "마룡동 일판이 수운 선생 찾아오는 사람으로 가득 찼었다. 아침에도 오고 낮에도 오고 밤에도 오고, 모친과 나는 손님 밥쌀 짓기에 손목이 떨어져 왔다."[64]

자신을 찾아오는 사람들을 직접 가르치는 것에 그치지 않고 수운은 제자들에게 포덕을 명했다. 그리하여 경주를 넘어 경상도 일대에 널리 동학이 전파되었다. 1863년 12월 수운을 체포하였던 어사 정운구의 장계에 따르면 새재에서부터 경주에 이르기까지 동학이 널리 퍼져 있어 주막집 아낙네도 산골 초동도 주문을 외지 않는 이가 없었으며 주문을 부끄럽게 여기지도 않고 숨기지도 않았다고 한다.

---

64 표영삼, 『동학 1』, 137쪽.

많은 사람들이 동학을 받아들였기 때문에 수운은 동학의 의례를 정하고 교단의 조직을 만들어야 하였다. 주문은 입도한 직후에 읽은 초학주문初學呪文과 평생 읽어야 하는 본주문本呪文으로 나누었다. 초학주문은 위천주 주문을 말하며 본주문은 시천주 주문을 말한다. 심고心告도 정했는데 식사 때 하느님께 아뢰는 것을 식고, 집을 드나들 때 하는 '출입고出入告'가 있었다. 심고는 하느님을 부모처럼 대하는 의례였다. 또 입도식의 절차도 정했다. 입도를 원하는 자는 의관을 정제하고 치성치례를 올린다. 치성치례는 보통 제사처럼 향을 피우고 초를 키고 음식과 술을 차려 하느님께 제를 지내는 것이었다. 치성 때 사용한 축문은 다음과 같다.

아무개는 조선의 어느 곳에 살면서 욕되이 인륜에 참여하여 살면서 하늘과 땅이 덮어주는 은혜에 머리 숙여 감사하며 해와 달이 높은 곳에서 비춰주는 덕을 입고 있습니다. 아직도 깨닫지 못하여 참된 길로 돌아가지 못하고 오랫동안 괴로움에 잠겨 마음에 잃어버린 것이 많습니다. 지금에야 성세를 맞아 도를 스승님으로부터 깨우쳐 지난날의 잘못을 참회하고 일체로 선을 따르려 합니다. 하느님을 모시고 있음을 평생 잊지 않고 도에는 심학이 있으므로 닦고 단련하려 합니다. 이제 좋은 날에 자리를 청결히 하고 맑은 술과 음식을 삼가 올리니 흠향 하옵소서.

입도식의 치성치례 외에도 하느님에게 제사를 지내는 일이 있었다. 서헌순의 장계에는 동학도들이 입산천제入山天祭를 지냈다고 한다. 입산천제 때에는 목검을 잡고 검무를 추고 칼노래를 불렀다. 이러한 천제는 한 달에 두 번 초하루와 보름 때 지냈다.[65] 입산천제는 초기 동학도들의 정기집회의 성격을 띠었던 것으로 보인다.

이러한 의식 외에도 때때로 여는 강도회講道會가 있었다.『도원기서』에는 1863년 10월 28일의 강도회에 대한 기록이 실려 있다. 그날은 수운의 생일이어서 많은 제자들이 모였는데 그 잔치자리에서 수운은 자신이 지은 시의 뜻을 묻기도 하고 전에 반포한「흥비가」라는 가사를 외우게 하였다. 그 때 수운은「흥비가」에 나오는 여러 구절의 뜻을 물었다. 스승과 제자 사이에 도담이 오고 간 것이다.

수운의 가르침을 따르는 동학도들의 수는 상당히 많아졌다. 찾아오는 사람들이 선물로 가져온 곶감을 꿴 나뭇가지가 나뭇짐으로 가져갈 수 있을 만큼 많았다. 이제 수운 혼자서 사람들을 접견하고 가르칠 수 없었다. 수운이 교단의 조직이 필요하다고 생각하였던 것은 이 때문이다. 그래서 그는 '접주제接主制'라는 제도를 도입하였다. 1862년(임술) 12월 29일 영해 매곡동에서 최초로 16명의 접주를 임명하였다. 접주란 지역책임자를 말한다.『도원기서』에는 이 때 접주로 임명된 이들의 명단이 나와 있는데 접이 설치

---

65 윤석산,『동학 교조 수운최제우』, 147쪽.

된 곳을 들어보면 다음과 같다. 경북지역으로는 경주, 영덕, 영해, 대구, 청도, 청하, 연일, 안동, 영양, 영천, 신령이 있고 경남지역으로는 고성, 울산, 장기 등이 언급되고 있으며 충청지역으로는 단양이 나오며 또 경기도에도 접이 설치되었다.[66] 동학이 경주와 경북을 넘어 충청도와 경상남도, 그리고 강원도까지 확산되어 있었음을 알 수 있다. 이러한 지역 단위인 접을 단위로 하여 교육이나 수련이 행해졌다. 접을 단위로 한 수련회를 여는 것을 '개접開接', 수련회를 마치는 것을 '폐접廢接'이라 하였다.

1863년 말 수운을 체포하였던 선전관 정운구의 장계에 지적되었듯이 당시 동학은 경북을 중심으로 상당한 지역에, 계층을 불문하고 널리 퍼져 있었다. 동학의 교세가 눈에 띄게 확대되자 유

1863년 동학 탄압운동을 주도한 상주 우산서원.

66 접에 속한 교인들의 수가 수백 명을 넘으면 포包가 된다. 표영삼, 『동학 1』, 224쪽.

생들에 의한 조직적 동학배척 운동이 일어났다. 상주 유생들은 동학 배척을 요구하는 통문에서 동학도들을 '요적妖敵'이라고 부르고 동학은 서학이 개두환명改頭換名한 것이라고 하면서 그 박멸을 주장하였다.[67] 이는 동학에 대한 정부의 탄압이 곧 휘몰아칠 것을 예고해주는 것이었다.

최수운 선생의 초상

---

67 표영삼, 『동학 1』, 266-276쪽.

3. 탄압과 죽음

탄압과 피신

수운이 동학을 개창하자마자 동학에 대한 비방은 시작되었다. 무엇보다 경주 최씨 문중에서 비방의 소리가 높았다. 경주 최씨는 수운의 말마따나 '과문지취科門之聚' 즉 과거합격자들을 많이 배출한 지역유수의 양반가문이었던 것이다. 그러니 신이 내렸다는 수운을 좋게 생각했을 리 없다. 문중 사람들의 험담과 비방은 수운이 견디기 힘들 정도였다. 1861년 말에 지은 「교훈가」에는 다음과 같이 친척들에 대한 서운한 감정이 토로되어 있다.

"가련하다 경주 향중 무인지경 분명하다. 어진 사람 있게 되면 이런 말이 왜 있으며 향중풍속 다 던지고 이내 문운 가련하다. 알도 못한 흉언괴설 남보다도 배나 하며 육친 무삼일고 원수같이 대접하며 살부지수 있었던가 어찌 그리 원수런고."

동학의 가르침을 잘 알지도 못하는 사람들이 동학을 마치 서학과 같은 것처럼 비난하는 일도 빈번하였다. 수운에게 도를 듣기 위해 멀리 충청도, 강원도 등지에서도 사람들이 찾아오자 인근의 비난은 더욱 높아졌다. 영남 일대 유림들 사이에서 동학은 혹세무민하는 사도이니 이를 저지해야 한다는 여론이 비등하였다.[68]

주변 사람들의 비난과 당국의 탄압의 손길이 미치자 수운은 포덕에 나선 지 불과 반년 만에 한적한 곳으로 피신할 생각을 하게 되었다. 1861년(신유) 11월 제자 가운데 한 사람인 최중희 한 사람만을 대동하고 전라도 남원 땅으로 향했다. 남원으로 간 것은 제자들의 주선 때문이었다. 한약방을 하던 서형칠의 집에서 머물며 몇 사람에게 도를 전한 뒤 남원 교외에 위치한 은적암으로 옮겼다. 이 암자는 교룡산성蛟龍山城 내에 위치한 선국사善國寺의 암자로 원래의 이름은 덕밀암이었다. 수운은 암자의 이름을 스스로 자취를 감춘다는 뜻으로 '은적암隱跡庵'이라 지었다.

은적암에 머문 것은 겨울 동안이었다. 조용한 이곳에서 수운은 자신을 돌이켜 보며 생각을 정리할 수 있었다. '동학론'이라고 불리는 「논학문」과 「도수사」, 「권학가」, 「수덕문」, 「몽중노소문답가」는 이 시기에 지은 것이다.[69] 또 동학가사 중에서 가장 혁명적인 내용을 띤 「검가」도 이 시기에 지어졌다. 김지하는 은적암 시

68 윤석산, 『동학 교조 수운 최제우』, 150쪽.
69 표영삼, 『동학 1』, 158-198쪽.

기에 수운의 사상이 후천개벽과 민중의 삶을 강조하는 방향으로 사상적 전환과 심화가 있었다고 주장한다.[70] 더 나아가 그는 북접과는 지향하는 바가 상당히 다른 남접이 이 시기에 태동하였을 것으로 보았다. 김지하의 이러한 주장은 매우 흥미로운 것이기는 하지만 자료로써 충분히 입증되는 것은 아니다.[71] 임술년(1862) 3월에 경주로 돌아온 후 수운의 활동이 예전과 달라졌다고 하기는 어렵다. 좌우간 수운은 남원에서 반년을 지낸 후 경주로 돌아갔지만 바로 집으로 가지는 않았다. 제자들에게도 자신이 돌아왔음을 알리지 않았다. 관의 지목 때문으로 보인다.[72]

그러나 수운의 거처가 제자들에게 알려지게 되어 제자들의 왕래가 늘어났다. 관에서도 수운에 대한 감시의 눈길을 늦추지 않았다. 급기야 임술년 9월에는 경주 감영의 영졸들이 출동하여 수운이 체포되는 일이 벌어졌다. 그 소문이 돌자 동학도들 수백 명

---

70 김지하, 『사상기행 2』, 156쪽.

71 황현의 기록에는 수운이 호남의 진산과 금산까지 왔음을 시사하는 구절이 있다. 황현 저, 김종익 역, 『오하기문梧下紀聞』, 역사비평사, 1995, 60쪽. "철종 말기에 (중략) 경주에 사는 최제우라는 사람이 스스로 '하느님이 재난을 내린다'고 하면서 문서를 만들고 유언비어를 퍼뜨리며 부적과 주문을 횡행케 하였다. 그 학문 역시 천주를 받드는 것인데도 서학과 구별하고자 동학이라고 고쳐 불렀다. 그는 지례, 김산과 호남의 진산, 금산의 산골짜기를 오가며 양민을 속여 하늘에 제사를 지내 계를 받게 하고는 '장차 이씨가 망하고 정씨가 일어나는데 앞으로 큰 난이 일어나 동학을 믿는 사람이 아니면 살아남을 수 없다. 우리들은 가만히 앉아서 천주를 암송하면서 참된 주인을 보좌하면 장차 태평한 복을 누릴 것이다'라고 선언하였다."

72 표영삼, 『동학 1』, 199쪽.

교룡산성은 동학혁명시 김개남부대의 주둔지였
다.(위)
교룡산성 (아래) 은적암 터(우)

은 적 암 터

이곳은 천도교 제1세 교조이신 대신사(水雲·崔濟愚)께서 관의 민압을 피해 포덕 2년(辛酉年·단기4194년) 12월 그믐날에 오셔서 은거하시던 곳이다. 대신사(大神師)께서는 이곳 덕밀암(德密庵)을 은적암(隱蹟庵)이라 이름하시고 머무르시며, 동학(東學)을 말하는 논학문(論學文)들을 집필하셨다.

포덕 130년 10월 29일

천도교 서울교구

이 감영으로 몰려가 동학이 백성과 풍속을 해치는 가르침이 아니니 스승을 석방해 달라는 요구를 하였다. 많은 사람들이 몰려든 것에 놀라 영장은 수운에게 사과하고 수운을 석방하였다. (1862년 10월 5일) 수백 명의 동학교도들이 관아로 몰려가자 관에서는 민란을 두려워하여 수운을 석방하였던 것이다. 그 일이 있었던 임술년은 3남 일대에 민란이 광범하게 일어나 경주의 관헌들도 민란에 신경을 쓰지 않을 수 없었다. 풀려난 수운은 경북의 흥해, 영천, 신령 등으로 돌아다니다 4개월 만에 다시 용담 집으로 돌아왔다. 집에서 생계를 위해서 훈장노릇을 하면서 포덕을 계속하였다.

11월 수운은 흥해의 매곡동 손봉조의 집으로 갔다. 이곳에서 해를 보내며 각처의 접주를 정했다. 동학이 세상에 나온 지 3년밖에 되지 않았지만 동학은 이미 조선의 남부 여러 지역에 전파되어 있었다. 수운이 관의 지목에 신경을 썼던 것은 물론이다. 관에 의해 체포되어 귀양을 가는 사람도 나왔기 때문이다. 청하 사람 이경여가 그런 예인데 그는 산골짜기에 집을 지어놓고 사람들을 모아 수련모임을 열었다. 관에 고발되어 영덕으로 귀양을 갔다. 그가 귀양 갈 때 영덕 도인들이 돈을 모아 속전을 바치고 귀양을 풀어주었다는 기록이 『도원기서』에 나오는데 수운이 그 일을 듣고 영덕 도인들을 특별히 칭찬하였다고 한다.

동학의 조직은 접주를 중심으로 활발히 움직였다. 조직의 기초

단위인 접接은 수십 명의 인원을 포괄하였는데 그 조직원들은 어려운 일이 있으면 서로 돕기도 하고(유무상자有無相資) 같이 모여 강론을 듣고 수련을 하였다. 이러한 집단활동이 사람들과 관의 이목을 피하기 어려웠던 것은 물론이다. 수운은 각처의 제자들에게 관의 지목을 받지 않도록 각별히 당부하였다.[73] 수운도 1863년 5월 접단위로 강도회를 열었다가 7월말 갑자기 강도회를 중지하고 파접한다는 통문을 발송하였다. 7월에 들어 여러 곳에서 동학에 대한 탄압이 일어났기 때문이다.[74]

당시 수운은 자신에게 장차 화가 닥칠 것을 예감하고 있었다. 1863년 10월 28일 생일잔치에서 제자들에게 이상한 꿈 이야기를 하였다. 태양의 살기가 자신의 허벅지에 닿자 불로 변해 밤새도록 타며 사람 인자를 그렸는데 꿈에서 깨어서 허벅지를 보니 한 점 붉은 흔적이 사흘이나 남아 있었다는 것이다.[75] 그는 이를 자신에게 닥칠 화를 나타내는 불길한 조짐으로 보았다.

죽음

1863년(계해) 여름부터 경상도 지역 유생들의 동학배척 운동은 조직적으로 전개되었다. 유생들이 보기에 동학은 급속히 확산되

---

73 『도원기서』, 71쪽.

74 표영삼,『동학 1』, 232쪽.

75 『도원기서』, 87쪽.

임술민란-壬戌民亂(농민항쟁)

임술년인 1862년(철종 13) 삼남지역을 중심으로 일어난 농민항쟁 (농민반란)을 말한다. 임술난은 경상도·전라도·충청도 지역을 중심으로 전국에 걸쳐 70여 개 고을에서 일어났다. 임술년에 일어난 민란은 삼정三政의 문란에서 비롯되었다고 하여 흔히 '삼정의 난'이라고도 한다.

삼정이라는 것은 전정田政·군정軍政·환정還政 등 당시의 국가수입의 근간을 이루는 세 가지 세금의 부과와 징수 체계를 말한다. 전정은 전세 즉 농지에 대한 세금징수를 말한다. 오랫동안 양전量田(토지측량) 이 실시되지 못하다 보니 경작도 되지 않은 땅에 세금을 부과하거나 정해진 액수 이상을 부과하는 일이 흔하게 일어났다.

군정은 군포軍布의 징수를 말한다. 군포는 군역軍役 즉 군인으로서 복무military service를 하지 않는 대신 내는 세금을 말한다. 임진왜란 이후 로는 직업군인제도가 실시됨에 따라 군역 대신 군포를 내는 것이 일 반화되었다. 군포 즉 군역세는 양반들이나 지방의 하급관리인 서리胥吏들은 면세되었으므로 농민에게 부담이 가중되었다. 고을단위로 부과되었기 때문에 고을의 수령들은 할당액을 채우기 위해 죽은 사람 이나 어린 아이에게 군포를 징수하기도 하고 군포를 내지 못하는 사람의 이웃이나 동족들에게 징수하기도 하여 원성이 컸다.

환정은 농민들에게 곡식을 빌려주고 이자를 붙여 되돌려 받는 일 종의 대부제도이다. 원래는 농민들을 돕기 위해 시작된 이 제도가 재정 확보 수단이 되면서 관청 고리대로 전락하였다.

경상도 단성丹城과 진주에서 2월에 시작된 임술민란에는 크게는 수만 명에서 작게는 천여 명에 이르는 규모로 전국 각지의 농민들이 악정에 대항하여 민란에 참가했다. 봉기한 농민들은 한결같이 관리들의 횡포와 경제적 수탈을 막고 삼정의 폐해를 해결해 줄 것을 요구하였다. 그들은 관아를 습격, 수탈의 원흉인 관리와 아전들을 처단하는가 하면 장부를 불태우고 창고를 탈취하였다. 또한 관리와 결탁해 농민을 못살게 굴던 양반과 토호의 집을 때려 부수고 곡식과 재화를 탈취하는가 하면 죄수들을 풀어주기도 했다.

임술민란의 피해 상황을 보면 지방 아전으로서 살해된 자가 15명 이상, 부상자는 수백 명에 달하고 가옥이 불타거나 파괴된 것은 약 1천 호를 넘었다. 이에 조정에서는 긴급 대책으로 안핵사와 선무사를 파견하여 난을 수습하고 민심을 가라앉히도록 하는 한편 봉기지역의 수령은 그 책임을 물어 파직시켰다. 진주에 파견된 안핵사 박규수의 상소로 시정책이 건의되고 그 결과 1862년 5월 민란의 근본 대책을 마련하기 위해 조정 대신들로 구성된 '삼정이정청三政釐整廳'을 설치하고 그 해 5월부터 윤 8월까지 4개월 동안 '삼정이정절목三政釐整節目' 41개조를 제정하여 반포, 시행하였다. 그 주요 골자는 전정, 군정은 민의에 따라 현황을 시정하고 환곡은 폐지하기로 한다는 것이었다. 이 개혁안으로 민란은 한때 진정되는 듯 했으나 삼정이정청의 업무가 비변사로 넘어간 10월에는 개혁안을 폐지하고 삼정 제도로 돌아감으로써 근본적인 제도개혁은 이루어지지 않았다. 이후에도 창원, 황주, 청안, 남해 등지에서 항쟁이 끊임없이 이어진 것도 이 때문이다.

고 있다. 그러므로 시급히 발본색원하지 않으면 안 된다. 9월 13일
자 상주 우산서원愚山書院의 통문에서는 동학을 "요마흉측한 술
책"으로 비난하면서 서학이 이름만 바꾼 것이라고 비난하였다.
무지한 백성들이 감염되기 쉬우니 빨리 동학을 색출하여 엄하게
다스려야 한다고 역설하였다. 동학은 다른 이로운 풀들과 모종을
해치는 잡초와 같은 존재이므로 보이는 즉시 뿌리째 뽑아버려야
한다고 하였다.[76] 당시 조선의 유생들은 서원을 중심으로 전국적
네트워크를 이루고 있었다. 상주의 우산서원이 보낸 통문을 받은
도남서원道南書院은 다시 자신들의 통문을 만들어 주변의 옥성서
원玉城書院으로 보냈다. 동학의 무리들이 취당하여 세상을 어지
럽히고 있으니 법조문을 엄하게 확립하여 그들 요적으로 하여금
두려움을 알게 하도록 만들어야 한다고 하였다.

이처럼 서원의 네트워크를 이용한 유생들의 동학배척운동은
일종의 반동학 여론조성 운동으로서 조정에 압력을 행사하였다.
그래서 조정에서도 10월에 들어서부터 동학 탄압책을 논의하였
다. 유생들과 관의 지목이 강화되고 있음을 수운 자신도 알고 있
었다. 수운은 자신에게 닥칠 사태를 예견하였던지 11월 하순경 해
월을 불렀다. 자신이 그동안 지었던 글들을 건네주며 간행하라고
명했던 것이다.[77] 해월은 곧 몇몇 사람들과 의논하여 간행비를 만

---

76 표영삼,『동학 1』, 266–270쪽.
77 표영삼,『동학 1』, 287쪽.

들기 위해 분주히 다녔다. 그러던 중 조정에서 파견한 어사에 의해 수운이 체포되는 일이 일어났던 것이다. 그래서 경전의 간행계획은 중단되었다.[78]

동학에 대한 유생들의 여론이 들끓자 조정은 드디어 11월 20일 정운구를 선전관으로 임명하여 수운을 체포하게 만들었다. 정운구 일행은 22일 출발하여 4일만에 문경새재를 넘어 경상도 땅으로 들어갔다. 일행은 경주까지 고을마다 들러 동학의 동태를 살폈다. "거의 날마다 동학 이야기가 들려오지 않는 날이 없었으며 경주를 둘러싼 인근 고을에서는 더욱 심했다. 주막의 아낙네와 산골의 초동들까지도 글을 외며 전하지 않는 사람이 없었다."[79] 16일 경주에 도착한 정운구 일행은 사방으로 동학에 대한 정탐을

상주 도남서원

---

78 18년에 지난 1880년에야 『동경대전』이 강원도 인제 갑둔리에서 간행되었고 1881년 단양 천동에서 『용담유사』가 간행되었다.

79 표영삼, 『동학 1』, 289쪽.

하였다. 9일에는 무예별감 양유풍과 종자 고영준을 동학에 입도
하려는 사람으로 가장하여 수운에게로 보냈다. 수운은 이들을
친절히 접견하여 낮에는 시간이 없으니 밤에 와서 가르침을 받으
라 하였다. 그러자 이들은 감사하지만 몸도 씻어야 하고 잠자리
도 정하지 못했으니 모래쯤 다시 오겠다고 하고 물러갔다. 이들로
부터 용담정의 사정을 파악한 정운구는 경주진영의 교졸들 30여
명을 동원하여 야밤에 용담정을 급습하였다. 당시 용담정에 함께
있던 제자 23명도 같이 체포되었다.

해월 최시형

중앙에서 파견된 정운구 일행
이 수운을 잡으려고 한다는 사실
을 수운 자신도 알고 있었던 것으
로 보인다. 『도원기서』에 의하면
수운은 체포되기 전날 경주의 한
제자가 와서 조정에서 수운을 잡
으려는 사실을 알리며 피신을 권
유하자 수운은 도는 자신에게서
연유한 것이므로 자신이 책임을 져
야 한다며 도피를 거부하였다.[80]

체포된 수운은 곧 서울로 압송

---

80 수운은 "도는 곧 나에게서 연유하여 나온 것이다. 그러니 차라리 내가 당해
야지 어찌 제군들에게 미치게 하겠는가?"라고 하였다. 『도원기서』, 95쪽.

되었다. 영천, 대구, 선산, 상주, 새재, 보은, 청산, 청주를 거쳐 과천까지 갔다. 그런데 마침 임금(철종)이 승하하였다. 12월 8일이었다. 수운은 과천에서 다시 대구로 보내졌다. 중앙 권력이 바뀌는 바람에 서울에서 수운을 직접 심문할 여유가 없었던 것이다. 그리하여 대구 감영에서 죄인들을 심문, 처리할 것을 명했다. 심문관으로는 상주목사와 지례현감, 산청현감 세 사람이 선임되었다. 심문은 거의 한 달에 걸쳐 이뤄졌는데 매번 심문은 혹독한 매질을 수반하였다. 마지막 심문 때에는 수운의 다리뼈가 부러질 정도였다. 수운과 함께 체포된 제자들도 함께 심문을 받았다.

경삼감사 서헌순은 그 장계에서 심문의 결론을 다음과 같이 내렸다. 동학의 무리는 황탄한 생각을 품고 주문을 만들어 요사한 말로 사람들을 선동하였다. 삿된 서학을 물리친다고 하였으나 오히려 서학을 답습하였으며 궁약을 비방이라 속이고 칼춤을 추고 칼노래를 불러 세상을 혼란스럽게 하였으며 은밀히 당을 형성하는 한편 귀신이 내려 술수를 가르쳐주었다고 사람들을 속였다. 이러한 심문보고에 대해 조정은 최수운을 극형에 처하여 사람들에게 본때를 보여주라고 판결하였다. 조정은 "동학은 서양의 요사한 가르침을 그대로 옮겨 이름을 바꾼데 지나지 않는다. 세상을 헷갈리게 하고 어지럽혔으니 속히 엄벌을 내리지 않으면 나라 법을 세울 수 없다."고 판결하였다. 이는 동학에 대한 탄압을 요구한 유생들과 똑 같은 소리였다. 이러한 판결에 입각하여 조정은 최수운을 사형에 처하고 함께 붙잡힌 동학도들은 엄형에 처한 후 먼 곳에 유배하였다. 그러나 함께 붙잡힌 박씨 부인과 장자 세정은 무죄방면되었다.

수운의 처형은 1864년 3월 10일 대구 남문앞 관덕당 뜰에서 있었다. 참수형이었다. 공식적으로는 대명률의 좌도난정지술左道亂政之術의 죄였다. 잘못된 도를 가르쳐 통치에 혼란을 초래한 죄라는 것이다. 길다란 판자에 수운을 엎어놓고 묶은 다음 목 밑에 나무토막을 받친 후 칼로 목을 내리쳤다. 『천도교창건사』에는 형졸이 수차례 목을 내리쳤지만 칼자국도 나지 않고 목이 멀쩡하자 관속들이 무척 당황해했다고 한다. 그러자 수운이 청수를 가져오게 하여 청수를 앞에 놓고 한동안 묵도한 후 형리에게 목을 안심하고 베라고 하자 목이 베어졌다는 것이다.[81]

시신은 그대로 관덕당 뜰에 방치되었고 머리는 3일간 효수되었다. 3일후 감영은 수운의 시신을 처자에게 인도하였다. 가족들은 몇 명의 제자들과 함께 시신을 고향으로 운구하여 3월 17일 구미산 자락 대릿골 밭머리에 매장하였다.[82]

---

81 『천도교창건사』, 54쪽. 이 책에서는 수운의 처형 직후 맑은 하늘의 일기가 급변하여 광풍이 일어나고 뇌우가 쏟아져 사람들을 놀라게 하였다고 덧붙이고 있다.

82 44년이 지난 1907년 시천교 교단에 의해 시신이 가정리 산 75번지로 이장되었다. 표영삼, 『동학 1』, 327쪽.

조선에 시천주 사상을 선포하고 후천개벽의 도래를 선언한 수운은 이처럼 조선 조정에 의해 어이없이 처형되고 말았다. 증산 상제의 말씀에 의하면 그의 죽음은 천지의 모든 신명들로 하여금 분노하게 만들었다.(『도전』 5:125:8) 그에 따르면 조선이 일본에 망한 것도 수운의 죽음과 연관이 있었다. 수운은 상제가 장차 세상에 내려올 것을 선포하는 사명을 맡은 사람이었는데 그를 조선의 조정이 죽였기 때문에 모든 신명들이 분노하였다는 것이다. 그러므로 이제 수운의 죽음은 상제의 탄강과 연결된다.

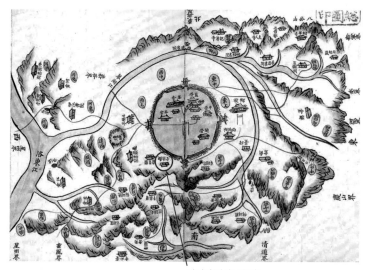

관덕당(경상도읍지)

대구 달성공원의 최제우대신사 동상(위)
대구감영(아래)

최수운 묘(위)
용담정입구(아래)

4. 상제의 탄강과 참동학

동세動世와 정세靖世

수운이 1864년 대구에서 처형된 후 7년이 지난 1871년 전라도 고부高阜에서 강증산이 태어났다. 강증산의 이름은 일순一淳, 아명은 학봉鶴鳳이었다. 증산甑山은 그의 호이다. 그의 생가는 동학혁명 때 유명한 전투가 벌어졌던 황토현 근처인 객망리에 있었다.[83] 그러나 3년 전에 정치순과 결혼을 하여 생가를 떠나 살고 있었다. 갑오년에 강증산이 어디서, 무엇을 하고 있었던지는 잘 알려져 있지 않지만 그가 동학군에 가담했다는 주장은 받아들이기 힘들다. 그것은 그가 동학이 무력으로 세상을 바꾸려는 데 반대했을 뿐 아니라 동학도들이 일본군과 싸워 이길 가능성이 없다고 하며 지인들의 참전을 적극 만류하였다는 전승이 있기 때문이다.

증산 상제가 활동했던 지역을 대상으로 그 성도 후손들의 증언

---

83 객망리는 오늘날에는 행정적으로 정읍시 덕천면 신월리에 속한다.

들을 샅샅이 수집하고 기록한 『도전』에는 안필성安弼成(1870~1961)과 김형렬金亨烈(1862~1932)에 대한 이야기가 실려 있다. 안필성은 증산 상제와 "흉허물없이 지내는 친구" 사이였다.(『도전』 1:53:3) 갑오년 10월 어느날 태인 동골의 동학접주 박윤거의 집에서 증산 상제는 안필성을 만났다. 증산 상제는 접주인 박윤거에게 지난 4월에는 동학군이 황토재에서 대승을 거두었으나 이번 겨울에 이르러 전패할 것이니 무고한 생민들을 전화에 끌어들이지 말라고 하였다. 그리고 친구인 안필성에게는 전쟁에 가면 죽음을 면치 못할 것이니 부디 가지 말라고 충고하였다. 박윤거는 그 충고를 받아들여 접주를 사퇴하고 전란에 참여하지 않았으나 안필성은 그가 도를 받았던 최두현으로부터 남원으로 가서 종군하라는 명을 받고 남원으로 향했다.

당시 남원에는 김개남 휘하의 동학군이 주둔하고 있었다. 남원으로 가던 안필성이 증산 상제를 만난 것은 전주 구이면 정자리 마을에서였다.[84] 동골과는 모악산 반대편에 있는 구이면九耳面은 전주에서 임실을 거쳐 남원으로 가기 위해서 거쳐야 하는 곳이다. 노상에서 안필성을 만난 증산 상제는 임실 마근대미 주막까지 함께 가서 술로 목을 축이며 그를 만류하였다.[85]

---

84 현재 행정상으로는 완주군 구이면 백여리에 속한다.
85 마근대미(馬近潭)는 임실군 운암면 마암리에 속한 마을인데 현재는 옥정호에 수몰된 곳으로 보인다.

그런데 두 사람이 주막에 있을 때 두어 시간쯤 지나 동학군 수천 명이 전주를 향해 진군하고 있었다. 행렬 속에는 안필성의 상관격인 접주 최두현의 모습도 보였다. 김개남 부대가 청주성 공격을 위해 남원을 출발해 전주로 향하고 있었던 것이다. 최두현은 안필성에게 남원으로 가지 말고 전주로 가서 부대에 합류하라고 하였다. 증산 상제는 안필성과 함께 방향을 돌려 전주로 갔다. 그러나 안필성을 만류하는 데는 실패하였다. 증산 상제는 동학군의 대세를 살피기 위해 김개남 부대의 뒤를 좇았다.(『도전』 1:57:13~14) 그러다 여산礪山과 유성儒城에서 안필성을 다시 만났는데 유성에서는 안면이 있던 김형렬도 함께 보았다.[86] 증산 상제는 두 사람에게 모두 종군하지 말 것을 권했다. 그러나 둘 모두 그 권고를 거부하였다. 이들이 증산 상제를 다시 만난 것은 청주 근처의 산골이었는데 그곳에서 관군의 총격을 받고 숲으로 도망칠 때 만났던 것이다. 동학군이 관군의 공격으로 쓰러지는 것을 본 두 사람은 결

---

86 김형렬金亨烈은 후에 증산 상제가 천지공사를 할 때 그 옆에서 수종들게 되는 사람이다. 모악산 밑의 동곡마을에서 자라 동학혁명 당시에는 김제 내주평에서 살았던 것으로 보인다. 내주평은 현재 행정단위로는 김제시 봉남면 내광리에 속하는 곳으로 증산 상제의 처가도 이곳에 있어 증산 상제는 이곳에서 서당 훈장 노릇을 하기도 했다.(『도전』 1:37:8~10) 증산 상제가 김형렬과 처음 만난 것은 1884년 열네 살 때 태인의 불출암에서였다. 당시 증산 상제는 '고부의 신동'으로 이름이 널리 알려져 있어 김형렬이 그를 만나 보고 싶어 고부로 가던 중 날이 저물어 불출암에 들어갔는데 그곳에 증산 상제가 들르면서 만남이 이루어지게 되었다. 두 사람이 만났을 때 고부의 부호 은양덕殷陽德도 함께 하였다고 한다.(『도전』 2:30)

국 동학군 부대를 이탈하였다. 증산 상제와 함께 현재 대전에 속한 진잠鎭岑[87]을 거쳐 계룡산의 갑사로 몸을 피했다가 금산, 무주, 진안, 임실, 순창, 태인으로 이어지는 한적한 산길을 따라 고향으로 돌아왔다. 두 사람에 대한 기록에서 볼 수 있듯이 증산 상제는 동학군의 패망을 예견하고 있었으며 따라서 동학군에 가담하지 말라고 간곡히 만류한 것이다.

증산 상제는 이처럼 동학혁명을 가까이서 큰 관심을 갖고 지켜 보았으나 동학도들이 무력으로 세상을 바꾸려 하는 것에는 반대하였다. 그것은 무엇보다 현실적으로 이길 가능성이 없었기 때문이다. 후에 동학 출신의 제자들에게 "일본 사람이 3백년 동안 돈 모으는 공부와 총 쏘는 공부와 모든 부강지술을 배워왔나니 너희들은 무엇을 배웠느냐. 일심으로 석 달을 못 배웠고 삼 년을 못 배웠나니 무엇으로 저희들을 대항하리요. 저희들 하나를 죽이면 너희들은 백이나 죽으리니 그런 생각은 하지 말라."(『도전』 5:4:2~4)고 경계하였다. 동학 농민혁명에서 농민군은 죽창이나 칼, 활, 화승총 등으로 무장하였는데 당시 기관총을 보유하고 있었던 관군과

---

87 현재 진잠은 대전 유성구 진잠동으로 되어 있으나 갑오년 당시에는 진잠읍으로서 읍성이 있었다. 갑오년 3, 4월에 이미 남접과 연계된 농민군의 활동이 있었던 지역으로 서장옥의 영향이 미치던 곳이다. 배항섭, 「충청도지역 동학농민전쟁과 농민군 지도부의 성격」, 동학농민혁명기념사업회, 『동학농민혁명과 농민군 지도부의 성격』, 서경문화사, 1997, 43쪽.

일본군에 비해서는 전투력 면에서 상대가 되지 않았다.[88] 박노자는 동학혁명기의 가장 중요한 전투였던 우금치전투는 농민들의 수적인 압도적 우위에도 불구하고 전투라기보다는 차라리 일방적인 '도살'이었다고 지적한다.[89] 동학농민들이 쏟아지는 총탄도 두려워하지 않고 용감하게 진격했던 것은 사실이나 그러한 용감함이 승리를 보장해주지는 않았다. 우금치전투에서 패한 동학농민들은 논산을 거쳐 금구, 원평, 태인에서 산발적인 저항을 하였으나 전투는 관군과 일본군에 의한 일방적인 소탕전이었다. 동학혁명은 종국적으로 수많은 농민들의 희생만 남기고 일년도 못되어 끝이 났다.

증산 상제는 후에 동학신도들이 수운의 「안심가」를 잘못 해석하여 동학란을 일으켰다고 하였다. 수운의 「안심가」에는 "내가 또한 신선되어 비상천 한다 해도 개 같은 왜적 놈을 하느님께 조화 받아 일야에 멸하고서 전지무궁을 하여 놓고 대보단에 맹세하고 한의 원수 갚아보세"라는 부분이 나온다. 수운은 사실 일본의 제국주의 침략이 시작되기 전에 죽었지만 많은 조선인이 그렇

88 이런 측면에서 신복룡은 갑오 동학혁명을 농민전쟁이라 부르는 것에 반대한다. 그는 전쟁의 사전적 의미를 "주권국가를 교전단체로 하여 상당한 기간 동안 상당한 병력간에 일어난 전투행위"라는 정의에 비춰볼 때 1894년의 일련의 사건은 전투였을 뿐 전쟁이라고 보기는 어렵다고 한다. 신복룡, 『전봉준평전』, 지식산업사, 1998, 269-270쪽.
89 박노자, 「기관총이 열어젖힌 '학살의 시대'」, 『한겨레 21』 제792호, 2010.1.1.

듯이 일본에 대해 강한 적개심을 갖고 있었다. 임진왜란 때 당한 수모 때문일 것이다.[90] 증산 상제는 이러한 일본에 대한 복수심과 적개심이 동학혁명의 한 동력이 되었다고 보았던 것이다. 그러나 동학혁명 당시 일본은 임진왜란 때의 일본이 아니었다. 메이지 유신 이후 강력한 근대화 정책을 편 일본은 서양식 무기와 대포, 전함도 갖추었을 뿐 아니라 근대적 군대도 갖추고 있었다. 열정과 적개심을 갖고 형편없는 무기로써 이러한 일본사람과 싸우는 것은 어리석은 짓이다. 증산 상제가 볼 때 동학도들은 이러한 어리석음을 범한 것이었다.[91]

그러나 증산 상제가 동학이 세상을 바꾸려고 한 시도 자체를 단죄한 것은 아니다. 증산 상제와 동학 모두 새로운 세상을 염원하고 그 도래를 위해 노력하였다. 단지 그 방법이 달랐을 뿐이다.

---

90 수운은 중국 즉 청나라에 대해서는 이러한 적개심을 갖고 있지 않았다. 중국에 대한 그의 태도는 같은 제국주의 위협에 처한 국가라는 동병상련의 입장이었다.

91 증산상제는 동학혁명을 평가하여 그것이 후천일을 부르짖는 데 그쳤다고 지적하였다. "갑오년에 동학신도들이 여러 만명 학살되어 모두 지극히 원통한 원귀가 되어 우주간에 나붓거리는지라. 원래 동학은 보국안민을 주창하였으나 때가 때인 만큼 안으로는 불량하고 겉으로만 꾸며되는 일이 되고 말았나니 다만 후천일을 부르짖음에 지나지 못한 것이니라. 마음으로 각기 왕후장상을 바라다가 뜻을 이루지 못하고 죽은 자가 수만 명이라. 그 신명들을 해원시켜 주지 않으면 후천에 역도에 걸려 반역과 화란이 자주 일어나 정사를 못하게 되리라. 그러므로 이제 그 신명들을 해원시키려고 원혼을 통솔할 자를 정하려는 중인데 경석이 십이제국을 말하니 이는 스스로 청함이라. 이제 경석에게 동학 역신 해원의 삼태육경 도수를 붙이리라."(『도전』 5:205:3-9)

공주 우금치 전적비(위)
황토현 동학혁명 전적지에 세워진 전봉준 장군
동상(아래)

대보단大報壇

임진왜란 때 일본의 침략을 저지하고 우리나라의 수호를 위해 군대를 파견했던 명나라 신종神宗 임금의 은혜를 추모하기 위해 쌓은 제단. 1704년(숙종 30) 예조판서 민진후閔鎭厚의 발의로 창덕궁 금원禁苑 옆에 건물이 없는 제단 형태로 지었다. 당시는 병자호란의 치욕을 씻기 위해서 절치부심하던 때로 북벌론이 거론되던 시기였다. 대보단은 신종과 의종 두 명나라 임금에 대한 제사를 올리는 만동묘와 같은 시기에 건립되었는데 청나라에 불복한다는 뜻이 깃든 유적이다.

대보단의 모양은 정방형으로 한 면의 길이가 150척(45m)이고 제단은 한쪽의 길이가 25척(7.5m)인 정방형이었다. 제단의 높이는 5척(1.5m)으로 바닥에서 단까지는 네 개의 계단을 두었다. 제사는 연 1회 2월 상순에 지냈다. 제례는 임금이 친제함을 원칙으로 했지만 부득이한 경우 중신을 보내어 대제하게 하였다. 대보단 제사는 1884년 갑신정변 이후부터 중단되었다.

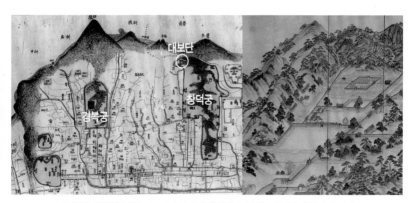

대보단은 창덕궁 북쪽 끄트머리 구역에 세워졌다. 현재는 선원전이 들어서 있다.

그의 말을 들어보자.

"난을 지은 사람이 있어야 다스리는 사람이 있느니라. 최수운은 동세動世를 맡았고 나는 정세靖世를 맡았나니 전명숙의 동動은 천하의 난을 동케 하였느니라. 최수운은 내 세상이 올 것을 알렸고, 김일부는 내 세상이 오는 이치를 밝혔으며, 전명숙은 내 세상의 앞 길을 열었느니라."(『도전』 2:31:2-5)

최수운의 동학을 동세動世로 규정한 것이다. 동세는 반란이나 혁명을 통해 세상을 바꾸려는 것을 말한다. 물론 수운이 반란을 획책한 것은 아니다. 그러나 수운의 사후 얼마 있지 않아 동학 내부에서 동세의 움직임이 터져나왔다. 1871년 교조신원을 구실로 영해에서 반란을 일으켰던 이필제李弼濟, 1890년대 초에 역시 교조신원 운동을 내세워 무장반란을 추구하였던 서장옥徐璋玉, 또 동학혁명기 남접의 지도자인 전봉준(전명숙)과 김개남 같은 사람들이 그 대표적인 인물들이다. 그러나 동세의 절정이라 할 수 있는 동학혁명은 참담한 희생만 남기고 실패로 돌아갔다.

갑오 동학혁명이 실패로 돌아가자 이제 동세가 아닌 '정세靖世'가 요구되었다. 여기서 정세는 세상을 편안하게 만드는 것을 말한다. 증산 상제는 상생의 도로써 만민을 교화하여 세상을 평안케 하려 한다고 구체적인 방안을 제시하였다. 동학의 동세는 '재민혁세災民革世'에 속한다. 민중에게 피해를 주면서 세상을 바꾸려는 방식인 것이다. 그는 이러한 재민혁세는 '웅패雄覇의 술術'이라 하면서 그와 대비되는 '제생의세濟生醫世'는 '성인聖人'의 도라고 하였다.(『도전』 2:75:9–10) 즉 생명을 건지고 세상의 아픔을 치료하는 방법이다. 그는 동학의 동세를 정세로 수렴하고자 했던 것이다.

상제의 탄강

증산 상제는 자신의 가르침이 조선 민중의 마음을 사로잡았던 동학을 대신하는 것으로 제시하였다. "동학교도가 모두 수운의 갱생을 기다리나 죽은 자는 다시 살아나지 못하느니라. 내가 수운을 대신해 왔나니 내가 곧 대선생이니라."(『도전』 2:94:10–11)는 말에서 알 수 있듯이 증산 상제는 동학을 대체할 새로운 도를 제시하려 하였다.

먼저 증산 상제는 사람들에게 자신이 구천의 상제로서 이 세상에 온 이유를 밝혔는데 그것이 수운과 연관되어 있어 우리의 관심을 끈다.

서양 사람 이마두가 동양에 와서 천국을 건설하려고 여러 가지 계획을 내었으나 쉽게 모든 적폐를 고쳐 이상을 실현하기 어려우므로 마침내 뜻을 이루지 못하고 다만 동양과 서양의 경계를 틔워 예로부터 각기 지경을 지켜 서로 넘나들지 못하던 신명들로 하여금 거침없이 넘나들게 하고 그가 죽은 뒤에는 동양의 문명신을 거느리고 서양으로 돌아가서 다시 천국을 건설하게 하였나니 이로부

교조신원敎祖伸冤

'신원伸冤'이라 함은 원통함을 푼다는 뜻이다. 동학교조인 최수운이 억울하게도 사도邪道를 펼쳐 국가를 어지럽힌 죄로 처형되었으니 정부에 청원하여 그 원통한 죽음과 누명을 벗겨달라고 탄원하는 운동을 말한다. 이는 결국 동학을 합법화시켜 불교나 기독교 같은 다른 종교들처럼 자유롭게 활동할 수 있도록 허용해 달라는 것이다.

교조신원 운동은 1892년 7월에 급진파인 서인주(서장옥)와 서병학이 당시 상주 공성면 왕실에 있던 해월을 찾아가 처음으로 제기하였다. 『천도교서』에 의하면 "7월에 서인주, 서병학 2인이 신사神師(해월 최시형)께 내알內謁 왈 방금 오인吾人시켜 당무當務의 급急이 대신사(최수운)의 신원伸冤 일사一事에 재하니 선생은 각지 도유道儒에게 효유하야 소疏(청원서)를 재재齎하고(보내고) 혼閽(정부)에 규규叫하야써 대신사 만고의 원원冤을 설설雪하소서. 신사 일이 순성順成 못할 줄 아시고 허치 아니하시니 2인이 온의慍意(노여워함)가 유하더라."라고 기록되어 있다.

해월은 조선조정과 정면으로 부닥칠 수밖에 없는 신원운동의 전개를 부담스럽게 생각하여 그 제안을 거부한 것이다. 그러나 신원운동에 대한 요구는 거세졌다. 동학 접주였던 오지영에 의하면 "사방에 있는 도인들이 지목에 쫓기어 온 자 많아서 신원할 일을 청하는 자가 많았다."(『동학사東學史』) 탐욕한 관리들이 사도邪道를 구실로 동학도들을 잡아 재산을 빼앗는 경우가 많았던 것이다. 그러므로 동학도들에게 동학의 합법화는 절실한 문제가 되었다.

10월 드디어 해월은 신원운동을 결정하고 충청감사와 전라감사를 상대로 수운의 신원을 요구하는 의송단자議送單字(진정서)를 제출하기로 하였다. 충청감사에세 제출할 의송단자는 손천민이 집필하였다. 천여 명의 동학도들이 10월 21일 공주 감영 앞에 운집한 가운데 충청감사에게 의송단자를 올렸다. 전라감영에는 삼례에 모인 동학도들이 11월 1일 의송단자를 제출하였다. 의송단자를 전라감영에 들어가 제출한 두 사람 가운데 한 사람이 전봉준이었다. 당국에 의해 오랫동안 불법화되어 왔던 동학은 이제 당국에 스스로의 합법화를 위한 정치적 행동을 개시한 것이다. 동학의 교조신원운동은 단순히 교조의 신원만을 요구하는 종교적 차원에만 머물지 않았다. 외세의 침략을 규탄하고 '광제창생廣濟蒼生'과 '보국안민輔國安民'의 구호를 내건 것이다.

「각도 동학유생 의송단자各道東學儒生議送單子」(전라감영 제출 의송단자)

황공하오나 완영(전라감영)은 살펴보길 바란다. 신들은 바로 동학하는 선비들이다. 동학을 창도, 팔도에 편 것은 지난 경신년부터이다. 경주 최선생 제우께서 상제의 명을 받아 유불선 삼도를 합해 하나로 만들고 지성으로 하늘을 섬겼다. 유도는 오륜을 지키며 불도는 심성을 다스리며 선도는 병을 낫게 하는 것이다. 서학은 날이 가고 달이 갈수록 혹세무민하였다. 그래서 선생은 분개하였다. 대도가 좀먹어 다하려 하는데 자신만 착해서는 안 되므로 옛 것을 계승하여 미래를 열기로 뜻을 두어 문하의 제자들로 하여금 드디어 자리를 베풀고 도를 강론하게 하였다. 그리하여 도리와 참된 것을 지키게 하였으니 부끄러울 것인 전혀 없었다.

동양과 서양의 관계는 빙탄과 같은 것인데 지성으로 하늘을 공경한다는 이유로 오히려 선생을 서학으로 모함하였다. 선생은 구차히 죽음을 면하려 하지 않고 조용히 의에 따라 죽음을 원래의 곳으로 돌아가는 것으로 여겼다. 이는 신하의 직분을 충성스럽게 다한 것이다. 백이·숙제를 탐욕스럽다 하는 것이 가할지언정 어찌 선생을 서교로 의심할 수 있겠는가? 벌써 30여년이 되도록 도가 세상에 널리 밝혀지지 않았으니 이는 신원을 얻지 못했기 때문이다.

세상 사람들은 속사정이 어떤지 몰라 이단이라 지목하나 이 세상에 이단의 학은 하나가 아니라 셋이요, 셋이 아니라 다섯, 여섯일 정도로 많다. 그런데 이 가운데 하나도 거론치 않으면서 동학만을 배척하려고 하는 데 온힘을 쏟고 있다. 비록 성학聖學(유학)은 아니라 하더라도 인륜이 없는 서도의 무리와 같은 것으로 여겨 구별하지 않는 것은 말이 안 된다. 동학을 서학의 한 파로 지목하는 여러 읍의 수령들은 동학도들을 빗질하듯 잡아가두고 매질로써 돈과 재물을 토색하니 연달아 죽어나간다. 시골의 세력 있는 자들도 따라서 소문을 듣고 멋대로 침해하고 업신여기고 또 집을 훼손하고 재물을 빼앗아가니 연달아 탕패산업하고 떠돌이가 되고 있다. 그런데도 그저 이단을 금하는 것이라고 말할 뿐이다.

우리들은 양묵楊墨(양주와 묵적)을 거부하는 자가 성인의 무리라는 말은 들어보았으나 양묵을 거부한다는 구실로 재물을 빼앗아 취하는 자가 성인의 무리라는 말은 들어보지 못했다. 어찌하여 열읍의 관리들은 동학도들을 재물의 원천으로 생각하여 그들을 떠돌이가 되어 돌아다니게 하며 생활방편이 없게 만드는가? 이는 우리들이 군사부를 섬기는 것이 오로지 한 가지 의로움에 있음을 알지 못했기 때문이다. 스승의 신원을 얻어내지 못한 우리들의 죄가 이미 30여년인데 우리들은 여러 성스런 임금의 백성들로서 선성先聖들의 책을 읽고 임금의 땅에서 난 소출을 먹고 살고 있다. 동학에 뜻을 둔 것은 사람으로 하여금 허물을 고치고 날로 새로워져 천지를 공경하고 임금에 충성하며 스승과 어른을 높이 받들고 부모에 효도하고 형제와 화목하며 이웃을 서로 도와주고 친구를 믿음으로 대하며 부부의 직분을 지키게 하며 자식들을 가르치는 도리를 다하자는 데 있었다. 하늘 아래 사는 자가 이러한 것들을 버리고 무엇을 배운다는 말인가?

지금 서양 오랑캐의 학과 왜놈 우두머리들의 해독이 외진外鎭에 들어와 멋대로 날뛰고 있으며, 도리를 어기고 거슬리는 짓을 임금님 수레 밑에서 자행하니 이것이 바로 우리들이 절치부심하는 점이다. 또 무뢰배들도 산골에다 무리를 모아 백주 대도에서 사람을 해치고 재물을 빼앗으니 이들도 교화시켜 착한 사람이 될 수 있을 터이나 능히 그러지 못함은 바로 우리들이 한심하게 생각하는 점이다. 우리들은 정성스런 마음으로 도를 닦고 밤낮으로 비는 것은 광제창생과 보국안민이다. 어찌 털끝만큼의 옳지 못한 이치가 있겠는가?

이제 순상 합하께서 북쪽 땅을 걱정하시고 남쪽 땅을 관찰하시는 덕택에 우리들은 목숨을 부지하고 있다. 그러나 열읍의 지목은 날로 심해가고 맑은 하늘 아래 억울함을 견디지 못해 눈물을 흘리며 엎드려 비는 것이다. 부디 바라는 것은 순상 합하께서 자비로움과 넓은 덕을 특별히 베푸시어 임금께 보고를 올려 우리들의 도가 지극히 선한 도임을 드러내게 해주시고 각읍에 명을 발하여 빈사상태의 백성을 건지면 소부두모召父杜母(백성이 수령의 선정을 칭찬하는 말)조차도 그 자비로움에 대단히 만족해할 것이다. 같은 목소리로 관찰사 존전에 부르짖는 것은 스승님의 신원을 엎드려 빌며 하늘같은 나라의 은혜를 베풀어주시기를 천만번 간절히 바라기 때문이다. 임진년 11월2일.

(표영삼,『동학 2』, 224-226쪽에 나와 있는 번역문을 필자가 약간 수정하였다.)

터 지하신이 천상에 올라가 모든 기묘한 법을 받아 내려 사람에게 알음귀를 열어 주어 세상의 모든 학술과 정교한 기계를 발명케 하여 천국의 모형을 본떴나니 이것이 바로 현대문명이라. 서양의 문명이기는 천국 문명을 본받은 것이니라. 그러나 이 문명은 다만 물질과 사리에만 정통하였을 뿐이요, 도리어 인류의 교만과 잔포를 길러 내어 천지를 흔들며 자연을 정복하려는 기세로 모든 죄악을 꺼림 없이 범행하니 신도의 권위가 떨어지고 삼계가 혼란하여 천도와 인사가 도수를 어기는지라. 이마두가 원시의 모든 신성과 불타와 보살들과 더불어 인류와 신명계의 큰 겁액을 구천에 있는 나에게 하소연하므로 내가 서양 대법국 천개탑에 내려와 이마두를 데리고 삼계를 둘러보며 천하를 대순하다가 이 동토에 그쳐 중 진표가 석가모니의 당래불 찬탄설게에 의거하여 당래의 소식을 깨닫고 지심기원하여 오던 모악산 금산사 미륵금상에 임하여 30년을 지내면서 최수운에게 천명과 신교를 내려 대도를 세우게 하였더니 수운이 능히 유교의 테 밖에 벗어나 진법을 들춰내지 못하므로 드디어 갑자년(1864)에 천명과 신교를 거두고 신미년(1871)에 스스로 이 세상에 내려왔나니 동경대전과 수운가사에서 말하는 상제는 곧 나를 이름이라.(『도전』 2:30:3-17)

『도전』의 이 기록은 증산 상제가 자신이 이 땅에 내려온 탄강의 이유를 밝힌 부분이다. 상제의 지상탄강에는 여러 가지 배경들이 작용하였다. 그 근본배경에는 서양 문명이 초래한 세상의 혼란이 있다. 서양이 초래한 그 혼란으로 인간세계 뿐만 아니라 신명들의 세계도 큰 위기에 처하였다. 그래서 이마두(마테오 리치)를 위시한 천상 신명들의 리더들이 나서서 천상의 상제에게 직접 하소연하였다. 이 하소연과 간청을 물리칠 수 없었던 상제는 천하를 둘러보다가 신라의 구도자 진표와 인연이 있는 조선 땅의 금산사에 머물며 30년을 지내면서 최수운에게 천명天命과 신교神教를 내렸다.

그러나 수운은 그 천명을 완수하지 못했다. 수운이 받은 명은 무엇보다도 상제님이 내린 영부로써 사람들의 병을 고치고 상제님이 내린 주문을 가르쳐 사람들로 하여금 상제님을 위하게 하는 것이었다. 수운이 사람들에게 영부를 그려주고 그것을 물에 타서 마시게 하였으며 또 시천주 주문을 가르쳤다는 것은 앞에서 본 바 있다. 그런데도 증산 상제는 수운이 유교의 테를 벗어나서 진법을 들춰내지 못했다고 그 한계를 지적하였다.

수운은 경상도 일대에서 유명한 유학자의 아들로 태어나 그로부터 직접 글을 배웠다. 수운은 유교적 소양과 지식을 풍부하게 갖춘 인물이었다. 그래서 그가 지은 글들에 유교적인 관념과 이상이 널려 있는 것은 놀라운 일이 아니다. 예를 들어『동경대전』「수덕문修德文」에서 수운은 동학이 공자의 도와 대동소이하다고 분명히 말하고 있다. 같은 글에서 인의예지仁義禮智는 선성先聖이 가르친 것이며 자신이 정한 것은 '수심정기修心正氣'일 뿐이라고 덧붙이고 있다. 그는 또 옛날 선비들은 천명에 순종하였으나 후

이마두利瑪竇(1552~1610)

이탈리아 출신의 예수회 신부로서 중국에 와서 선교사로 활동한 마테오 리치Matteo Ricci를 말한다. 중국명이 이마두이다. 교황령에 속한 이탈리아 중부의 마체라타에서 태어나 예수회가 세운 로마대학(콜레기오 로마노)에 들어갔다. 리치는 자연과학을 중시하였던 이 대학에서 수학과 천문학을 배웠다. 이는 후에 중국선교에서 큰 도움이 되었다. 리치는 예수회의 동양선교사로 자원하여 1578년 인도로 건너갔다. 그곳에서 사제의 서품을 받고 1583년 9월 중국으로 들어가 선교활동을 시작하였다. 중국의 문화를 존중하고 그 위에서 선교활동을 함으로써 많은 중국인들로부터 존경을 받았을 뿐 아니라 동서문화교류에도 큰 기여를 하였다. 유교의 사서四書를 라틴어로 번역하였으며 서양의 수학과 천문학을 한문으로 번역하여 소개하였다. 번역서로는 고대 그리스 수학자 유클리드의 『기하원본幾何原本』(1607), 자신의 스승인 클라비우스가 쓴 산술책 『동문산지同文算指』(리치 사후인 1614년 간행)가 있으며 실용기하학서인 『측량법의測量法義』, 『환용교의圜容較義』 등을 저술하였다. 또 천주교의 교리를 설명한 『천주실의天主實義』(1603)를 저술하였는데 이 책은 조선에서도 지식인 사회에 널리 읽혀져 조선에 천주교가 전래되는 데 적지 않은 역할을 하였다. 지리에도 해박한 지식이 있어 『곤여만국전도坤輿萬國全圖』(1602)라는 세계지도를 제작하였다.

천문학에도 일가견이 있었던 리치는 중국인 제자인 서광계徐光啓와

이지조李之藻 등에게 서양천문학을 가르치는 한편 『혼개통헌도설渾蓋通憲圖說』 같은 천문서적도 집필하였다. 그는 중국정부가 서양의 천문지식을 필요로 함을 간파하여 판토하, 우르시스 같은 천문학에 조예가 깊은 선교사들을 중국으로 불러들여 후일 서양역법이 중국과 조선에서 채택되게 하였다.

마테오 리치는 또 죽기 전 자신의 선교활동에 대한 기록을 이탈리아어로 남겼는데 이 기록은 동료였던 트리고 신부에 의해 『중국그리스도교전교사』(1663)라는 제목으로 간행되었다. 당시 중국 사회와 문화, 종교의 사정을 상세히 담고 있던 이 책은 먼저 라틴어로 간행되고 곧 프랑스어, 독일어, 스페인어, 이탈리아어, 영어 등으로도 번역되었는데 유럽 지식인들 사이에서 큰 인기를 끌었다.

요컨대 마테오 리치 신부 즉 이마두는 동양을 위해 서양의 학문을 소개하고 동시에 서양에 동양의 학문과 사정을 소개함으로써 동서간의 상호이해와 소통에 혁혁한 기여를 하였던 것이다. 동양문화를 존중하고 동양문화와 기독교의 접점을 찾는 그의 선교방식은 후대의 예수회 신부들에 의해 그대로 계승되었다.

학들은 천명을 잊어버린 것을 자신은 한탄한다고 하면서 동학이 유학의 계승자임을 은연중에 드러내고 있다. 수운은 한글 가사에서 '수신제가修身齊家' 없이는 도성덕립道成德立이 불가하며 '삼강오륜三綱五倫' 없이는 현인군자賢人君子가 불가하다고 말한다.[92]

『동경대전』의 「포덕문」에서 수운은 성인이 자연에 대한 관찰을 통해 현상계의 일체 변화의 원인과 존재의 근원을 하늘에서 찾아 천명에 대한 공경과 천리에 대한 순응의 근거를 제시하였고 사람이 군자가 되고 학문이 도덕이 되는 길을 밝혀주었다고 하였다. 동학의 '도성덕립'의 이상은 그러한 성인이 창시한 유교의 이상과 다르지 않으며 단지 그 이상에 도달하는 방법만이 달랐다. 그래서 박경환은 동학은 유학의 사유형식과 지향을 그대로 이어받았다고 한다.[93] 종교학자 최준식 같은 경우에는 심지어 동학을 성리학의 새로운 해석으로 규정하기도 한다. 동학을 "중국적인 성리학이 갖고 있던 세계관이 나름대로 철저하게 극복되고 대중적인 실천의 수준에까지 가게 된 높은 사상"으로 높이 평가하면서 '개혁유교', '세속화된 유교'로 파악하는 것이다.[94]

증산 상제가 수운이 유교의 테두리를 벗어나지 못해 대도의 참빛을 열지 못했다고 하는 것은 이런 면에서 이해가 가능하다. 그

---

92 『용담유사』, 「도수사」.
93 박경환, 「동학과 유학사상」, 『수운 최제우』, 197쪽.
94 최준식, 『한국의 종교, 문화로 읽는다 2』, 사계절출판사, 1998. 308–309쪽.

래서 상제는 수운에게 내린 "천명과 신교"를 거두고 직접 이 세상에 강림하게 되었다. 증산 상제는 바로 그렇게 이 지상에 내려온 상제가 자신이며 『동경대전』과 수운가사에서 말하는 상제가 자신이라고 선언하였다.(『도전』2:30:14~17)

그러므로 증산 상제는 유학의 테를 벗어나지 못한 동학을 넘어서는 새로운 가르침을 제시해야 하였다. 그는 동학도들이 죽은 수운의 갱생을 기다림을 지적하면서 죽은 자는 다시 살아날 수 없다고 하며 "내가 수운을 대신해서 왔으니 내가 곧 대선생이라"고 선언하였다.(『도전』2:94:11) 그리고 자신의 가르침이야말로 진정한 동학인 '참동학'임을 선언하였다.

참동학

증산 상제가 참동학을 말한 것은 1907년 박공우를 만났을 때였다. 박공우는 기골이 장대하고 의협심이 강한 인물로 동학 신도였다. 그는 같은 동학 신도이자 친구인 월곡 차경석의 소개로 증산 상제를 만나게 되었다. 박공우는 그 때 동학에서 행하던 49일 기도 중에 있었다. 당시 동학은 손병희가 천도교를 창건하고 이용구를 비롯한 일진회 세력을 출교시키면서 내부적 혼란에 빠져 있었다. 차경석의 경우 천도교에 가담하지는 않았지만 일진회에 몸을 담고 있었는데 박공우도 마찬가지였던 것으로 보인다. 증산 상제는 고부 솔안 최씨 재실에 거하던 박공우에게 "나의 일은 비록 부모 형제 처자라도 모르는 일이니 나는 대법국 천개탑 천하대순이라. 동학주문에 '시천주조화정'이라 하였으니 나의 일을 이름이라. 내가 천지를 개벽하고 조화정부를 열어 인간과 하늘의 혼란을 바로잡으려고 삼계를 둘러 살피다가 너의 동토에 그친 것은 잔피에 빠진 민중을 먼저 건져 만고에 쌓인 원한을 풀어주려 함이라. 나를 믿는 자는 무궁한 행복을 얻어 선경의 낙을 얻으리니 이것이 참동학이니라."(『도전』 3:184:8-12)고 하였다. 이는 자신이 동학에서 말하는 상제로서 혼란에 빠진 세상을 건지기 위해 이 땅에 왔음을 분명히 밝히고 자신의 가르침이 참동학임을 선포한 것이다.

여기서 잠시 증산 상제가 새로운 후천선경 건설을 위한 천지공사를 행하던 시기에 동학의 처지에 대해 좀더 살펴보자.

수운 사후 동학은 오랫동안 불법화되었다. 동학도들은 목숨을 부지하기 위해 조정의 추적을 피해 도주하거나 인적 드문 곳으로 잠적하였다. 이러한 어려움 속에서 동학의 조직을 재건하고 종국에는 동학의 세력을 크게 떨친 사람이 2세 교주 해월海月 최시형崔時亨(1827~1898)이다.[95] 수운 사후 해월은 오랫동안 도망자로서 살

---

95 해월이 동학교단의 주도권을 확립할 수 있게 된 데에는 1873년 수운의 장남 세정과 박씨 부인이 죽고 1875년에는 차남인 세청이 사망함으로써 수운의 제사권을 가진 가족이 모두 사라진 것이 결정적인 계기가 되었다. 조경달, 『이단의 민중반란』, 역사비평사, 2008, 62쪽.

았다. 그의 별명이 '최보따리'였을 정도로 이곳저곳 감시의 눈길이 미치지 않는 외딴 곳을 전전해야 하였다.

해월은 수운이 순도한 다음해인 1865년부터 수운의 순도일과 탄신일에 동학교도들의 비밀모임을 가지기 시작하였다. 1865년 첫 번째 설법에서는 '사람이 하늘이고 하늘이 사람이다'는 설법을 하였는데 사람은 모두 평등하며 차별이 없음을 강조한 것이다. 이는 분명 조선의 오랜 신분질서를 부정하는 혁명적인 가르침이었다. 다음 해 수운의 순도일에 행한 설법도 적서의 차별을 철폐해야 한다는 내용이었다. 이러한 가르침들이 수운의 뜻과 어긋나는 것은 아닐 것이다. 그러나 해월은 그보다 더 나아가 수운의 동학과는 상당히 다른 교리를 전개하였다.

무엇보다 신관神觀에서 그러한 이탈의 움직임이 뚜렷하게 감지된다. 인격적 상제관을 부정하고 범신론적인 신관을 받아들인 것이다. 동학연구자 조경달 교수는 해월의 새로운 신관이 강론된 것은 1885년 이후로 보았다. 해월이 청주에 사는 서택순의 집에 들렀을 때 그 집 며느리의 베짜는 소리를 듣고 하느님이 베를 짜는 것이라 하였다. 여기서 "대저 천지는 귀신이라 귀신도 또한 조화이다. 그러나 귀신이라고 하고 조화라고 하는 것은 다만 한 기운의 부리는 바이다. 어째서 사람만이 천주를 모시는가. 천지만물 가운데 시천주 아님이 없다."고 하였다.[96]『천도교경전』에 「대인접

96 조경달,『이단의 민중반란』, 74–75쪽.

물待人接物」이라는 제목으로 실려 있는 1885년의 이 강설은 수운의 인격적 신관과는 거리가 있는 범신론적 신관을 드러내었다.

동학의 상제관 변화를 추적한 강영한의 말에 따르면 해월의 관점에서는 만물이 하느님을 모신 존재임을 깨닫고 그렇게 모실 때 진정한 모심이 이루어진다.[97] 여기서 해월의 양천주養天主 사상이 나온다. 해월은 양천주 대상을 마음이라고 하였다. "천을 공경함은 결단코 허공을 향하여 상제를 공경한다는 것이 아니요, 내 마음을 공경함이 곧 경천의 도를 바르게 하는 길이니"라는 말이나 "사람이 바로 하늘이요, 하늘이 바로 사람이니, 사람 밖에 하늘이 없고 하늘 밖에 사람이 없느니라. 마음이 어느 곳에 있는가 하늘에 있고, 하늘이 어느 곳에 있는가 마음에 있느니라. 그러므로 마음이 곧 하늘이요 하늘이 곧 마음이니 마음 밖에 하늘이 없고 하늘 밖에 마음이 없느니라. 하늘과 마음은 본래 둘이 아닌 것이니" 같은 말이 해월의 그러한 생각을 명백히 드러내준다 할 것이다.[98] 양천주의 신은 수운의 신과 같이 초월적인 존재로 인간에게 천명을 내리는 존재는 아니다. 그것은 사람의 마음속에서 키울 수 있는 신이다.

---

97 이하의 서술은 강영한의 분석에 전적으로 의존하였다. 강영한, 「너는 상제를 모르느냐 汝不知上帝耶」, 증산도상생문화연구소, 『잃어버린 상제문화를 찾아서 : 동학』, 43쪽 이하.
98 앞의 말은 설법 「삼경」에서, 뒤의 말은 설법 「천지인·귀신·음양」에서 나온다. 천도교중앙총부, 『천도교경전』 354-358쪽, 265-269쪽.

만물 안에 하느님이 내재하고 있다고 본 해월의 범신론은 하느님의 인격적 성격과 주재적 성격을 부인하였다. 그 결과 해월의 사상은 천주보다는 인간에게 초점을 맞추게 된다. '사람이 곧 하늘이다(인시천人是天)', '사람을 섬기되 하늘처럼 섬겨라(사인여천事人如天)'라는 말에서 볼 수 있듯이 그의 사상은 인간중심주의에 다름 아니다. 결국 이러한 신관은 후일 손병희의 인내천 교리로 이어져 동학은 원래 수운의 가르침과는 동떨어진 가르침이 되어버렸다.

1898년 당국에 붙잡혀 처형된 해월 최시형의 뒤를 이어 동학의 3세 교주가 된 사람이 의암義菴 손병희孫秉熙(1861~1922)다. 손병희는 1906년 동학을 천도교로 개명하면서 일본 신문에 낸 광고에서 "종지宗指는 인내천이요, 강령은 성신쌍전性身雙全, 교정일치요, 목적은 보국안민, 포덕천하, 광제창생, 지상천국 건설이요, 윤리는 사인여천이요 수행도덕은 성경신이라."고 하면서 종지가 인내천임을 천명하였다.[99] 또 천도교 초기의 주요 교리서의 하나인 『대종정의大宗正義』에서도 인내천 사상이 천도교의 핵심교리임을 분명히 하였다.[100] 수운의 시천주 사상에서는 명백히 인격신(天

99 홍장화, 『천도교운동사』, 보성사, 1990, 69쪽.
100 "水雲大神師는 天道教 元祖라. 其思想이 博으로 從하여 約히 倫理的 觀點에 臻하니 其要旨는 人乃天이라 人乃天으로 教의 客體를 成하며 人乃天으로 認하는 心이 其主體의 位를 占하여 自心自拜하는 教體로 天의 眞素의 極岸에 立하니 此는 人界上 初發明한 大宗正義라 謂함이 足하도다." 박맹수, 최기영 『한말천도교자료집』 1권, 국학자료원, 1997, 84쪽.

主)을 전제하고 있으나 의암의 사상에서는 천주가 인격적 성격이 탈각된 '천天'으로 대치되었다. 손병희의 '천'은 천지만물의 생성을 설명하기 위한 원리 혹은 근원일 뿐이며 종교적 숭배의 대상은 될 수 없다.[101] 이는 인격적 상제上帝를 인정하지 않는 성리학의 입장과 유사한 것이다.

손병희의 인내천 사상은 1912년에 나온 『무체법경無體法經』이라는 교리서에서 한층 더 나아간다. "시천주侍天主의 시자侍字는 하느님을 깨달았다는 뜻이요, 천주의 주자主字는 내 마음의 님이라는 뜻이니라. 내 마음을 깨달으면 상제가 곧 내 마음이요, 천지도 내 마음이니 삼라만상이 모두 내 마음의 한 물건이니라. 내 마음을 내가 모셨으니 나는 곧 지명指名이요, 지명은 곧 현재의 몸을 말하는 것이니라."[102] 이는 상제를 우주를 주재하는 인격신이 아닌 마음으로 만들어 버린 것이다. 이러한 관점에 서면 '시천侍天'은 '내 마음을 내가 모신다(我心我侍)'는 것으로 되어 버린다.[103] 결국 내 마음 외에 천은 따로 없다는 것이다. 이는 "삼계는

---

101 최동희, 『동학의 사상과 운동』, 성균관대학교출판부, 1980, 209쪽.

102 『무체법경』, 「신통고神通考」. "侍天主之, 侍字, 卽覺天主之意也. 天主之, 主字, 我心主之意也. 我心覺之, 上帝卽我心, 天地我心, 森羅萬象, 皆我心之一物也. 我心我侍, 我卽指名, 指名卽現身之謂也." 원래 『무체법경』은 순한문으로 된 저작으로 1910년 손병희가 통도사 내원암에서 49일 동안의 수련을 마치고 발표한 것으로 양한묵이 대필하였다고 한다. 박맹수, 최기영 『한말천도교자료집』 1권, 6쪽.

103 최동희, 『동학의 사상과 운동』, 213쪽.

오직 하나의 마음일 따름"이라는 대승불교의 입장과 다를 바 없다. 『무체법경』의 논지는 결국 불교식 유심론이라 할 것이다.[104] 의암의 천도교에 와서는 상제는 수운에게 나타났던 인격과 의지를 가진 존재가 아니라 사람의 마음에 불과하게 되었다. 이러한 천도교의 신 개념의 변화는 원시 동학의 신 개념을 인정하지 않는 것으로 이어졌다.[105] 그리하여 인간의 마음 밖에 존재하는 신적인 대상에 대한 종교의식도 금지되었다.[106]

요컨대 수운에 의해 동학의 핵심 교리로 제시된 시천주 사상은 해월 최시형의 범신론을 거쳐 의암의 인내천 사상으로 변질되었다. 그 과정에서 인격신 관념이 약화되거나 사라지게 되어 원래의 동학과는 전혀 다른 가르침이 자리잡게 된 것이다. 증산 상제가 볼 때 이제 이러한 왜곡된 동학의 혁신, 참동학이 요구되었다.

손병희가 1908년 호남을 순회하였는데 그 때 그 소식을 듣고 증

---

104 『무체법경』, 「견성해見性解」의 다음 구절은 그 점을 더 분명히 해 준다. "그러므로 마음 밖에 천天이 없고 마음 밖에 리理가 없으며 마음 밖에 물物이 없고 마음 밖에 조화造化가 없느니라. 그러므로 성리性理를 보려고 하여도 내 마음에서 구할 것이요, 조화造化를 쓸려고 하여도 내 마음에 있는 것이요, 천지만물, 세계를 움직이려고 하여도 내 마음 한 쪽에 있는 것이니라."(是以, 心外無天, 心外無理, 心外無物, 心外無造化. 性理欲見, 求我心, 造化欲用, 在我心. 天地萬物, 世界, 欲運搬, 在我心一片頭.)

105 강영한, 「너는 상제를 모르느냐 汝不知上帝耶」, 53쪽.

106 예를 들어 청수식과 기도식이 폐지되었다. 천도교 혁신파가 이러한 기존 제도들이 인내천 교리에 위배된다고 하여 그 폐지를 추진한 것이다. 오지영, 『동학사東學史』, 대광문화사, 1980, 236-237쪽.

산 상제는 다음과 같이 말했다.

> 내 들으니 손병희가 전주에 왔는데 서울에 교당을 짓는 것을 빙자
> 하여 그 부하들의 어린아이 옷고름에 채운 돈까지 떼어다가 큰집
> 과 작은집을 거느리고 행락하며 온 부하들을 망친다 하니 그 무능
> 함을 가히 알만 하도다. 만일 재능이 있으면 천하의 집이 모두 저
> 의 집이 될 터인데 집은 지어 무엇하리오. 이제 호남 각지를 돌고
> 나면 그 부하들은 다 망하게 될 것이라. 이제 누구든지 몽둥이를
> 들어 그 머리를 치며 "네 재능이 무엇이건대 사설로써 민중을 속
> 이며 부하들을 그다지 망치느냐!"고 꾸짖으면 대답하지 못하고 돌
> 아갈 것이니라.(『도전』 5:233:2-6)

이 말에서 천도교 교주 손병희에 대한 증산 상제의 부정적인 시
각이 잘 드러나 있다. "사설로써 민중을 속인다."라고 강하게 비
판한 것은 손병희의 천도교 교리를 인정할 수 없었기 때문이다.
한 성도가 이 말씀을 듣고 "손병희가 어떤 사설을 퍼뜨려 행세한
다는 말씀입니까." 라고 묻자 증산 상제는 "천天은 천天이요 인내
천人乃天이 아니니라."고 하였다. 손병희의 인내천 교리는 하늘을
사람과 혼동하고 있다는 것이다. 증산 상제의 말을 더 들어보자.

> 또 손병희가 '아이를 때리는 것'을 '하늘을 때리는 것'이라고 이르
> 나 아이를 때리는 것은 아이를 때리는 것이요, 감히 하늘을 때린
> 다고 할 수 없느니라. 하물며 사람의 생사와 화복이 하늘에 달려

있거늘 어찌 하늘을 때린다 하리오. 하늘은 억조창생의 임금이요 억조창생의 아버지 되나니 옛 성현들이 하늘을 모시는 도가 지극히 엄숙하고 지극히 공경스러워 통통속속하고 수운의 하늘을 모시는 가르침이 지극히 밝고 정성스러웠느니라. (『도전』 5:233:9-13)

요컨대 손병희의 인내천 사상은 수운의 시천주 사상과는 달리 하늘을 올바로 모시는 사상이 아니다. 그래서 증산 상제는 "큰 근본이 어지러워지면 만덕이 모두 그르게 된다."고 경고하였다. 이어서 예전의 동학교도였던 박공우에게 말하기를 "공우야, 손병희의 피폐가 극도에 이르렀으니 너는 내일 전주에 가서 손병희를 쫓아보내고 오라."고 하였다. 그러자 옆에 있던 황응종이란 성도가 몽둥이를 들며 말하기를 "제가 쫓아가서 그리하겠나이다."라고 대답하자 증산 상제는 "네가 진실로 쾌남자로다"라고 칭찬하였다고 한다. (『도전』 5:233:16-20)

손병희에 대한 이러한 비판에서 알 수 있듯이 증산 상제는 천도교가 수운의 가르침과는 거리가 멀다고 보았다. 이것이 참동학이 나온 또 하나의 이유였다.

동학도들의 해원

동학이 동세로서 세상을 구하지 못하고 민중에게 참담한 희생만 초래한 것으로 비판하였던 증산 상제는 세상을 건지기 위한 새로운 방안을 제시해야 하였다. 그것이 '천지공사天地公事'였다. 선천 세상을 심판하고 후천선경後天仙境 즉 새로운 세상의 틀을 짜는 일이었다.[107] 선천세상은 상극의 이치가 지배하여 모든 인간사가 도의道義에 어그러져 원한이 맺히고 쌓이게 된다. 이러한 원한이 누적되어 살기가 터져나와 세상의 모든 참혹한 재앙을 일으킨다.(『도전』 4:16:2-3) 증산 상제는 원한을 품고 죽은 신명들의 누적된 원한으로 인해 전란이 그칠 새 없으며 심지어는 "세상이 멸망당하고" "우주가 무너져 내릴" 지경이 되었다고 한다.(『도전』 2:17:2-5) 그러므로 새로운 세상을 만들기 위한 일에서 먼저 해결해야 할 과제는 누적된 원한의 해소이다. 그래서 증산 상제는 다음과 같이 신명들의 원통함과 억울함을 풀어줄 방안을 제시하였다.

그러므로 이제 단주丹朱 해원을 첫머리로 하고 또 천하를 건지려는 큰 뜻을 품었으나 시세가 이롭지 못하여 구족이 멸하는 참화를 당해 철천의 한을 머금고 의탁할 곳 없이 천고에 떠도는 모든 만고역신萬古逆神을 그 다음으로 하여 각기 원통함과 억울함을 풀고, 혹은 행위를 바로 살펴 곡해를 바로 잡으며, 혹은 의탁할 곳을 붙여 영원히 안정을 얻게 함이 곧 선경을 건설하는 첫걸음이니라.

107 증산 상제는 1902년 전주 하운동 김형렬의 집에서 천지공사와 관련하여 김형렬에게 다음과 같이 말했다. "내가 이제 천지를 개벽하여 하늘과 땅을 뜯어고치고 무극대도를 세워 선천 상극의 운을 닫고 조화선경을 열어 고해에 빠진 억조창생을 건지려 하노라. 이제 온 천하를 한집안이 되게 하리니 너는 오직 순결한 마음으로 천지공정에 참여하라."(『도전』 5:3:2-4)

(『도전』 4:17:6-8)[108]

증산 상제는 "원한의 역사의 뿌리"가 요임금의 아들인 단주丹
朱에게로 거슬러 올라가므로 그 원을 끄르면 "모든 원한의 마디
와 고가 풀릴 것"이라 하였다.(『도전』 2:24:4-5) 그런데 원한의 뿌리
의 역사가 단주에게 있지만 동학혁명에 가담하였다가 죽은 "동학
역신들"의 원한 또한 해원시켜야 할 중요한 원한의 하나였다. 증
산 상제가 천지공사를 보던 시기는 동학혁명이 일어난 지 불과 몇
년 뒤였다. 그가 천지공사를 행하던 지역들은 동학혁명이 일어나
수많은 사람들이 그에 가담하여 죽고 그 상처와 여파가 생생하게
남아 있던 곳들이다. 증산 상제는 혁명 과정에서 죽임을 당한 동
학도들에 대해 다음과 같이 말했다.

"지난 갑오년에 동학신도들이 여러 만명 학살되어 모두 지극히 원
통한 원귀가 되어 우주간에 나붓거리는지라. 원래 동학은 보국
안민을 주창하였으나 때가 때인 만큼 안으로는 불량하고 겉으로
만 꾸며되는 일이 되고 말았나니 다만 후천일을 부르짖음에 지나

---

108 단주는 요임금의 아들인데 대동세상을 건설하려는 큰 뜻을 갖고 있으
나 불초하다는 평가를 받고 왕위를 물려받지 못해 큰 원한을 품고 죽었다. 단
주의 원한에 대해서 증산 상제는 다음과 같이 말했다. "대저 당요가 단주를
불초히 여겨 두 딸을 우순에게 보내고 천하를 전하니 단주가 깊은 원한을 품
은지라. 마침내 그 분울한 기운의 충동으로 우순이 창오에서 죽고 두 왕비가
소상강에 빠져 죽는 참혹한 일이 일어났나니 이로 말미암아 원의 뿌리가 깊이
박히게 되고 시대가 지남에 따라 모든 원이 덧붙어서 드디어 천지에 가득 차
세상을 폭파하기에 이르렀느니라."(『도전』 4:17:3-5)

지 못한 것이니라. 마음으로 각기 왕후장상을 바라다가 뜻을 이루지 못하고 죽은 자가 수만 명이라. 그 신명들을 해원시켜주지 않으면 후천에 역도에 걸려 반역과 화란이 자주 일어나 정사를 못하게 되리라. 그러므로 이제 그 신명들을 해원시키려고 원혼을 통솔할 자를 정하려는 중인데 경석이 십이제국을 말하니 이는 스스로 청함이라. 이제 경석에게 동학 역신 해원의 삼태육경 도수를 붙이리라."(『도전』 5:205:3-9)

동학은 대외적으로는 보국안민이라는 대의를 내걸고 궐기하였지만 객관적 상황이 이롭지 못해 실패로 돌아갔다. 증산 상제는 동학도들의 원한에서 중요한 것은 이러한 대의도 대의이지만 동학도들이 왕후장상이 되려는 꿈이었다고 지적한다. 동학신명들은 마음으로 왕후장상을 바라다가 그 뜻을 이루지 못하고 죽어 큰 원한을 품게 되었다는 것이다. 그래서 증산 상제는 그들의 원한을 풀어주는 방법으로 그 제자 중에서 부친이 동학 접주로서 억울하게 죽었을 뿐 아니라 스스로도 동학총대였던 차경석을 통하여 동학도들의 원혼을 해원하는 방법을 취했다. 월곡 차경석은 후에 보천교의 교주가 되어 제왕처럼 지냈던 인물인데 그의 그러한 행태로 인해 왕후장상을 바라다가 죽은 동학도들의 원한이 해소되는 것이었다.[109]

---

109 차경석의 부친은 차중필(차치구)로서 정읍의 접주로 동학혁명 직후 붙잡혀 사형에 처해졌다. 차경석 자신은 동학의 잔당들로 이뤄진 영학당에 가담하였다가 사형을 가까스로 모면하였으며 증산 상제를 만나기 직전에는 일진회

증산 상제는 동학혁명 때 동학도들의 대장으로서 그 꿈을 이루지 못하고 처형되었던 전명숙을 위한 해원도 하였다. 주지하다시피 전봉준은 갑오년 11월 25일 태인 전투를 마지막으로 도망자 신세가 되었다. 정읍의 입암산성笠岩山城을 넘어 순창 피노리避老里(전북 순창군 쌍치면 소재)로 옛 부하 김경천을 찾아갔으나 그의 밀고로 붙잡혀 국사범으로서 처형되었다. 그런데 증산 상제는 1907년 피노리에 찾아가 전봉준을 해원하는 공사를 본 것이다. 그의 말을 들어보자.

"전명숙이 이곳에서 잡혔는데 사명기司命旗가 없어 한을 품었나니 이제 기를 세워 해원시키려 하노라."(『도전』 5:178:5)

사명기는 군대의 장군들이 지휘하는 데 사용하던 깃발이다. 백의한사白衣寒士로 세상을 바꾸기 위해 일어났지만 그 뜻을 이루지 못하고 잡혀서 죽은 동학대장 전봉준의 원한을 증산 상제는 "사명기가 없어 한을 품었다"고 표현하였던 것이다.

전북 총대를 역임하였다. 그가 1907년 증산 상제를 만나 그 도문에 들게 된 것에 대해서는 『도전』 3편 180-183장에 나와 있다. 그는 1915년 증산 상제의 부인이었던 고판례(고수부高首婦)로부터 태을교太乙敎(증산도문의 초기명)의 교권을 탈취하고 후일 교단의 이름을 보천교普天敎로 바꾸었다. 세간에는 그가 '시국時國'이라는 나라를 세우려 한 것으로 소문이 나 그는 '차천자車天子'로 불렸다. 조선총독부 경무국의 보고서에 의하면 1923년 보천교 교인수는 백만 명에 달했다. 박종렬, 『차천자의 꿈』, 장문산, 2002, 158쪽.

후천개벽

수운은 '다시개벽'이라는 말로 후천개벽을 제시한 바 있다. 그러나 그의 개벽론은 지식인들을 대상으로 한문으로 쓴 『동경대전』에서는 보이지 않고 한글로 쓴 가사에만 보인다. 수운은 분명 후천개벽을 이야기하였지만 그 내용이 빈약하다는 느낌이 드는 것은 어쩔 수 없다. 물론 수운은 새로운 시대나 운이 도래하고 있으며 그와 함께 대격변이 임박했음을 암시하였다. 그리고 무극대도無極大道가 곧 이 세상에 날 것이라고 하였다. 무극대도는 문자 그대로 본다면 '끝이 없는 큰 도'를 말하지만 새로운 삶의 길, 새로운 세상을 말하는 것일 터이다. 그는 이 무극대도와 함께 오만 년의 대운大運이 열린다고 하였다.[110] 그러나 수운은 개벽의 우주론적인 배경과 의미를 자세히 밝히지 않았다. 아니 제대로 밝힐 수 없었을 것이다.[111] 수운은 또 개벽기에 십이제국 괴질운수가 3년반 계속된다고만 말했지 그 원인과 그로부터 벗어날 수 있는 방안에 대해서는 말하지 않았다. 이처럼 다소 막연한 수운의 개벽론에 비해 증산 상제의 후천개벽 사상은 거대한 우주론과 연결되어 있으며 내용이 훨씬 구체적이고 상세하다.

괴질을 예로 들어보자. 증산 상제는 괴질의 형세를 묻는 한 성

---

110 『용담유사』, 「용담가」.

111 황경선, 『한민족 문화의 원형 신교』, 상생출판, 2010, 120쪽.

도의 물음에 답하면서 괴질이 발생할 때의 상황을 말씀하였다. "병겁의 때가 되면 홍수 넘치듯 할 것이니 누운 자는 일어날 겨를도 없고 밥 먹던 자는 국 떠먹을 틈도 없으리라."(『도전』 7:37:6) 또 "이 뒤에 괴질병이 엄습하여 온 세계를 덮으리니 자던 사람이 누운 자리에서 일어나지 못하고 죽고, 앉은 자는 그 자리를 옮기지 못하고 죽고, 행인은 길 위에 엎어져 죽을 때가 있을지니 지척이 곧 천리나라."(『도전』 7:31:12-13)라고도 하였다.

그 괴질의 원인에 대해서는 "선천의 모든 악업과 신명들의 원한과 보복이 천하의 병을 빚어내어 괴질이 되느니라."(『도전』 7:38:2)고 하면서 선천의 악업과 그로 인한 신명들의 원한을 그 원인으로 적시하였다. 그리고 괴질의 우주론적 배경도 언급된다.

"천지대운이 이제야 큰 가을의 때를 맞이하였느니라. 천지의 만물 농사가 가을운수를 맞이하여 선천의 모든 악업이 추운 아래에서 큰 병을 일으키고 천하의 큰 난리를 빚어내는 것이니 큰 난리가 있은 뒤에 큰 병이 일어나서 전세계를 휩쓸게 되면 피할 방도가 없고 어떤 약으로도 고칠 수가 없느니라."(『도전』 7:38:4-6)

괴질이 선천의 악업의 결과라면 그것은 선후천先後天 교역기交易期에 발생할 수 밖에 없다. 증산 상제는 구체적으로 괴병이 처음 발생하는 곳도 밝힌다. 조선에서 발병하리라고 하였는데 이는 역설적이게도 "병겁에서 살리는 구원의 도"가 조선에 있기 때문이다.(『도전』 7:40:2) 괴질은 조선이 49일 휩쓴 후 외국으로 건너가 3년 동안 횡행할 것임도 밝혔다.(『도전』 7:41:5)

증산 상제에 의하면 이러한 후천개벽기의 괴질에는 아무런 약이 없다. 우주 봄여름의 죄업에 대한 인과응보의 차원에서 괴질이 일어나기 때문이다.(『도전』 7:38:2) 병겁은 기존의 의술로는 치료가 되지 않는다. 그래서 "귀중한 약품을 구하지 말고 오직 성경신으로 '의통'을 알아두라"고 하였다. 수운에게서는 볼 수 없는 의통醫統 사상이 등장하는 것이다.[112]

---

112 의통은 병겁을 이겨낼 수 있는 신묘한 방안이다. "선천개벽 이후로 홍수와 가뭄과 전쟁의 겁재가 서로 번갈아서 그칠 새 없이 세상을 진탕하였으나 아직 큰 병겁은 없었나니 이 뒤에는 병겁이 전 세계를 엄습하여 인류를 전멸케 하되 살아날 방법을 얻지 못할 것이라. 그러므로 모든 기사묘법을 다 버리고 오직 비열한 듯한 의통을 알아두라. 내가 천지공사를 맡아봄으로부터 이 땅의 모든 겁재를 물리쳤으나 오직 병겁만은 그대로 두고 너희들에게 의통을 붙여 주리라. 멀리 있는 진귀한 약품을 중히 여기지 말고 순전한 마음으로 의통을 알아 두라. 몸 돌이킬 겨를이 없고 홍수 밀리듯 하리라."(『도전』 7:33:3~8)
한편 의통은 더 구체화되어 '의통인패醫統印牌'라는 호신부를 의미하기도 한다. 증산 상제는 기유년(1909) 6월 24일 어천하기 전날 박공우를 불러 의통인패를 전했는데 그 때 박공우에게 한 말이 『도전』에 다음과 같이 기록되어 있다. 상제님께서 물으시기를 "공우야, 앞으로 병겁이 휩쓸게 될 터인데 그 때에 너는 어떻게 목숨을 보존하겠느냐?" 하시거늘 공우가 아뢰기를 "가르침이 아니 계시면 제가 무슨 능력으로 목숨을 건지겠습니까" 하니 말씀하시기를 "의통을 지니고 있으면 어떠한 병도 침범하지 못하리니 녹표祿票니라." 하시니라.(『도전』 10:48:3~5) 또 말씀하시기를 "공우야, 무진년 동짓날에 기두하여 묻는 자가 있으리니 의통인패 한 벌을 전하라. 좋고 나머지가 너희들 차지가 되리라."고 하시니라. 공우가 여쭈기를 "때가 되어 병겁이 몰려오면 서양 사람들도 역시 이것으로 건질 수 있습니까?" 하니 말씀하시기를 "천하가 모두 같으니라." 하시니라.(『도전』 10:49:2~5)

후천개벽은 엄청난 재앙이 뒤따르는 시련의 과정이다. 증산 상제는 개벽기에 괴질뿐 아니라 세계대전쟁 즉 병란兵亂도 함께 일어날 것이라 하였다.[113] 후천개벽의 드라마는 병겁과 병란 속에서 펼쳐지는 것이다.

---

113 증산 상제는 전쟁을 어떻게 말릴 것이냐 라는 성도들의 질문에 대해 "장차 전쟁은 병으로써 판을 막으리라."고 답하였다.(『도전』 7:35:4-5)

5. 맺음말

　동학은 조선이 정치·사회적으로나 사상적으로 위기에 처했던 19세기 후반에 등장하여 조선 민중들의 마음을 휩쓴 사상이자 사회운동이었다. 수운이 상제의 명을 받아 창건한 동학온 그가 조선 조정에 의해 처형된 이후에도 살아남아 조선사회의 가장 중요한 개혁운동인 갑오 동학혁명을 불러일으켰다. 물론 동학혁명은 참담한 실패로 돌아가고 그 주역들은 대부분 형장의 이슬로 사라졌다. 또 동학 역시 인내천 사상을 내세운 천도교로 변질되었지만 그렇다고 해서 동학을 창시한 최수운의 공덕을 부인할 수 있는 것은 아니다. 증산 상제 역시 수운이 유교의 틀을 벗어나 대도의 참빛을 세우지 못하였다고 그 한계를 지적하고 그 때문에 당신이 스스로 이 땅에 내려와야 했다고 하였지만 수운의 공덕을 충분히 인정하였다.

　그것은 최수운을 새로운 세상을 열기 위한 선천 종교의 새로운 4대 종장宗長 가운데 한 사람으로 임명하였던 데서 분명히 드러난다. 증산 상제는 선도仙道, 불도佛道, 유도儒道와 서도西道(기독교)

는 세계 각 족속의 문화의 근원이 되었음을 지적하고 최수운을 선도의 종장으로, 진묵은 불도의 종장으로, 주회암(주희)은 유도의 종장으로, 이마두는 서도의 종장으로 임명하여 각기 그 종교의 진액을 거두고 여러 도통신들과 문명신들을 거느려 각 족속들 사이에 나타난 여러 갈래 문화의 정수를 뽑아 통일하게 하였다. (『도전』4:8:1-6) 또 혼란스런 세상을 바로잡기 위해 죽은 자들을 심판하는 명부冥府를 정리하여 세상을 바로잡게 하였다. 이것이 '명부정리 공사'인데 전봉준은 조선 명부, 김일부는 청국 명부, 이마두는 서양 명부를 맡기고 수운에게는 일본 명부를 맡겼다. 이는 후천선경을 열기 위한 신명들의 정부인 조화정부 내에서 수운이 어떠한 위치를 차지하는 지를 잘 보여준다.

수운에 대한 증산 상제의 평가를 드러내주는 또 하나의 기록은 1906년 김형렬의 집에서 천지공사를 행할 때 써붙인 벽서壁書이다.(『도전』4:67:2) 여기에는 시천주 주문(侍天主造化定永世不忘萬事知)이 오른쪽에서 왼쪽으로 가로로 쓰어 있었고 그 바로 밑에 세로로 강령주문(至氣今至願爲大降)이 씌어 있었다. 그리고 강령주문 좌우로는 '사師'와 '법法' 두 글자가 마주 씌어 있었는데 사師자 밑에는 '전주동곡해원신全州銅谷解冤神'이라는 구절이, 법法자 밑에는 '경주용담보은신慶州龍潭報恩神'이라는 구절이 세로로 적혀 있었다. 전자는 천하창생을 구제하기 위해 전주 동곡에 약방을 연 증산 상제 자신을 일컫는 것이며 후자는 경주 용담에서 동학을 창도한 최수운을 가리키는 것일 터이다. 여기에서도 확인할 수 있듯이 증산 상제는 동학 창도자 수운을 매우 높은 자리에 위치시켰을 뿐 아니라 그의 시천주 주문에 큰 중요성을 부여했던 것이다. 실제로 증산 상제는 그 성도들과 함께 천지공사를 행할 때에 그들로 하여금 시천주 주문을 외우게 한 경우가 많았다. 또 시천주 주문에 큰 기운이 박혀 있다고 하면서 시천주 주문을 많이 읽을 것을 권했다. 증산 상제가 남긴 친필저작이라고 일컬어지는 『현무경玄武經』에는 수운의 시천주 주문과 강령주문이 들어있다. 증산 상제가 지은 '오주五呪'에도 동학의 시천주 주문과 강령주문이 포함되어 있다.[114]

수운은 무극대도의 출현을 외쳤다. 그런데 증산 상제는 "최수운은 내 세상이 올 것을 알렸고, 김일부는 내 세상이 오는 이치를 밝혔으며, 전명숙은 내 세상의 앞길을 열었느니라. 수운가사는 수운이 노래한 것이나 나의 일을 노래한 것이니라."고 하였다.(『도전』 2:31:5-6) 그렇다면 증산 상제에게 무극대도는 그가 열어갈 새로운 세상을 의미하는 것이 아닐 수 없다.

---

114 오주五呪는 천지의 진액이 담겨 있어 '천지진액주天地津液呪'라고도 한다. (『도전』 3:221:4) "신천지新天地 가가장세家家長世 일월일월日月日月 만사지萬事知 / 시천주조화정侍天主造化定 영세불망만사지永世不忘萬事知 / 복록성경신福祿誠敬信 수명성경신壽命誠敬信 지기금지원위대강至氣今至願爲大降 / 명덕관음明德觀音 팔음팔양八陰八陽 지기금지원위대강至氣今至願爲大降 / 삼계해마대제신위三界解魔大帝神位 원진천존관성제군元趁天尊關聖帝君"

참고서적

1. 경전류

박인호,『천도교서』, 보서관, 1921.

박정동,『시천교종역사侍天教宗繹史』, 시천교본부, 1915.

윤석산 역주,『초기동학의 역사 : 도원기서』, 신서원, 2000.

이돈화 편,『천도교창건사』, 천도교중앙종리원, 1933.

증산도도전편찬위원회,『증산도도전』개정신판, 대원출판사, 2003.

천도교중앙총부,『천도교경전』, 천도교중앙총부 출판부, 1998.

Yong Choon Kim and Suk San Yoon (tr.) *Chondogyo Scripture : Donggyeng Daejeon* Seoul, Central Headquarters of Chondogyo, 2007.

2. 단행본

강재언,『한국근대사연구』, 한울, 1982.

강재언 지음, 이규수 옮김,『서양과 조선』, 학고재, 1998.

강재언 지음, 하우봉 옮김,『선비의 나라 한국유학 2천년』, 2003.

기시모토 미오, 미야지마 히로시 지음, 김현영·문순실 옮김,『조선과 중국 근세 오백년을 가다』, 역사비평사, 1998.

김범부,『풍류정신』, 정음사, 1986.

김지하,『동학이야기』, 솔, 1999.

김지하,『사상기행 1』, 실천문학사, 1999.

김지하,『사상기행 2』, 실천문학사, 1999.

김용옥,『도올심득 동경대전 1』, 통나무, 2004.

김은정 외,『동학농민혁명 100년 : 혁명의 들불, 그 황톳길의 역사찾기』, 나남, 1995.

김철수,『전봉준장군과 동학혁명』, 상생출판, 2011.

김탁,『한국종교사에서의 동학과 증산교의 만남』, 한누리미디어, 2000.

김형기, 『후천개벽사상연구』, 한울아카데미, 2004.

동학농민전쟁 100주년 기념사업추진회, 『동학농민전쟁자료집(1)』, 여강출판사, 1991.

동학농민혁명기념사업회 편, 『동학농민혁명과 농민군 지도부의 성격』, 서경문화사, 1997.

류홍렬, 『한국의 천주교』, 세종대왕기념사업회, 2000.

미야자마 히로시 지음, 노영구 옮김, 『양반』, 강, 1996.

박맹수, 『사료로 보는 동학과 동학농민혁명』, 모시는사람들, 2009.

박맹수, 『개벽의 꿈 동아시아를 깨우다』, 모시는사람들, 2011.

박종렬, 『차천자의 꿈』, 장문산, 2002.

부산예술문화대학 동학연구소 편, 『해월 최시형과 동학 사상』, 예문서원, 1999.

빈센트 크로닌 지음, 이기반 옮김, 『서방에서 온 현자 : 마테오 리치의 생애와 중국 전교』, 분도출판사, 1989.

신복룡, 『전봉준평전』, 지식산업사, 1998.

안경전, 『개벽실제상황』, 대원출판사, 2005.

양우석, 『천주는 상제다』, 상생출판, 2011.

역사문제연구소 동학농민 백주년 기념사업 추진위원회 엮음, 『다시피는 녹두꽃 : 동학농민 후손 증언록』, 역사비평사, 1994.

오문환 편저, 『수운 최제우』, 예문서원, 2005.

오지영, 『동학사』, 대광문화사, 1984.

우윤, 이이화, 『대접주 김인배 동학농민혁명의 선두에 서다』, 푸른역사, 2004.

유영익, 『동학혁명과 갑오경장』, 일조각, 1998.

윤석산, 『동학 교조 수운 최제우』, 모시는사람들, 2004.

의암 손병희선생 기념사업회, 『의암 손병희선생 전기』, 의암 손병희선생 기념사업회, 1967.

이광린, 『한국사강좌 V 근대편』, 일조각, 1981.

이정호, 『정역연구』, 국제대학 인문사회과학 연구소, 1976.

조경달, 『이단의 민중반란』, 역사비평사, 2008.

증산도상생문화연구소, 『잃어버린 상제문화를 찾아서 : 동학』, 상생출판, 2010.

최기영, 박맹수 편, 『한말 천도교 자료집』, 국학자료원, 1997.

최동희, 『동학의 사상과 운동』, 성균관대학교출판부, 1980.

최민자, 『동학사상과 신문명』, 모시는사람들, 2005.

최종성,『동학의 테오프락시 : 초기동학 및 후기동학의 사상과 의례』, 민속원, 2009.

최준식,『한국의 종교, 문화로 읽는다 2』, 사계절출판사, 1998.

표영삼,『동학 1 : 수운의 삶과 생각』, 통나무, 2004.

표영삼,『동학 2 : 해월의 고난 역정』, 통나무, 2005.

홍장화,『천도교운동사』, 보성사, 1990.

황경선,『한민족 문화의 원형 신교』, 상생출판, 2010.

황현 저, 김종익 옮김,『오하기문』, 역사비평사, 1995.

히라카와 스케히로 지음, 노영희 옮김,『마테오 리치 : 동서문명교류의 인문학 서사시』, 동아시아, 2002.

Hong Beom Rhee, *Asian Millenarianism*, New York, Cambria Press, 2007.

3. 논문

강영한,「너는 상제를 모르느냐 汝不知上帝耶」, 증산도상생문화연구소,『잃어버린 상제문화를 찾아서 : 동학』, 상생출판, 2010.

김현일,「강증산과 동학」,『증산도사상』제5집, 증산도사상연구소, 2001.

김현일,「역사적으로 본 동학의 개벽사상」, 증산도상생문화연구소,『잃어버린 상제문화를 찾아서 : 동학』, 상생출판, 2010.

박노자,「기관총이 열어젖힌 '학살의 시대'」,『한겨레21』제792호, 2010.1.1.

박맹수,「동학농민전쟁기 해월 최시형의 활동」, 부산예술문화대학 동학연구소 편,『해월 최시형과 동학 사상』, 예문서원, 1999.

배항섭,「충청도지역 동학농민전쟁과 농민군 지도부의 성격」, 동학농민혁명기념사업회 편,『동학농민혁명과 농민군 지도부의 성격』, 서경문화사, 1997.

오문환,「동학의 후천개벽사상」,『동학학보』1권, 2000.

양재학,「무극대도 출현의 당위성」,『증산도사상』1집, 증산도사상연구소, 2000.

유철,「동학의 '시천주' 주문」, 증산도상생문화연구소,『잃어버린 상제문화를 찾아서 : 동학』, 상생출판, 2010.

윤이흠, 「동학운동의 개벽사상」, 『한국문화』 제8집, 1987.

장영민, 「최시형과 서장옥 – 남북접 문제와 관련하여」, 동학농민혁명
    기념사업회 편, 『동학농민혁명과 농민군 지도부의 성격』, 서경문화사,
    1997.

차남희, 「최제우의 후천개벽 사상 : 『정역』의 금화교역을 중심으로」,
    『한국정치학회보』 41집 제1호, 2007.

황선희, 「동학혁명인가 농민전쟁인가」, 『동학학보』 3권, 2002.

동학연표

년도(나이)	간지	최수운대신사와 동학연표	국내외 정세
1824(1세)	갑신	10월 28일 수운 경주군 현곡면에서 출생.	영국의 말라카 지배 시작
1827(4세)	정해	최경상(해월) 경주에서 출생.	천주교도 박해/서구 연합함대 투르크 함대 격파
1833(10세)	계사	수운 모친 별세.	한성에서 빈민폭동과 전염병 영국의회, 노예제폐지
1840(17세)	경자	수운 부친 근암공 별세.	풍양 조씨 세도 정치 시작 아편전쟁 발발
1842(19세)	임인	수운 울산 출신 밀양 박씨와 혼인.	남경조약(영국과의 통상조약)
1844(21세)	갑진	수운 백목장사에 나서 10년간 주유 (주유팔로: 1844~1854).	청 : 미국, 프랑스와 통상조약
1851(28세)	신해	남접의 지도자 서장옥 출생.	철종 친정 태평천국의 난 발발
1854(31세)	갑인	장사 그만두고 고향 경주 용담집에 들어앉아 구도 사색. 10월 부인 고향인 울산 유곡동 여시바윗골로 이사.	미일화친조약
1855(32세)	을묘	을묘천서 사건.	프랑스 군함 동해안 측량
1856(33세)	병진	4월 양산 천성산 내원암에서 49일 간의 입산기도.(숙부의 별세로 47일 만에 중단)	제천에 천주교 신학교 설립 애로우 호 사건
1857(34세)	정사	7월 천성산 적멸굴에서 49일 입산 기도. 기도를 마친 후 생업으로 철점 사업 시작.	인도 세포이의 난 발발
1858(35세)	무오	가을 철점 사업 그만 둠.	한성에서 빈민폭동과 전염병 만연 청 : 서양열강과 텐진조약
1859(36세)	기미	10월. 울산을 떠나 경주 용담으로 귀향. 구도에 몰두.	서원 신설 금지

년도(나이)	간지	최수운대신사와 동학연표	국내외 정세
1860(37세)	경신	4월 5일 상제님과의 천상문답사건.	영불 연합군 북경점령
1861(38세)	신유	4월 주문과 심고법, 수행법을 정하고 교리체계를 세움. 6월 용담으로 찾아오는 이들에게 포덕 시작. 6월 해월 동학 입도 7월 〈포덕문〉 지음. 8월 〈안심가〉 지음. 11월 경주 관아에서 수운의 활동을 중지하라는 명령이 떨어짐. 경주를 떠나 전라도 남원의 교룡산성 은적암에서 6개월간 체류.	김정호 대동여지도 간행 미국 남북전쟁 발발
1862(39세)	임술	1월 〈권학가〉, 〈논학문〉 지음. 7월 경주로 돌아와 박대여 집에 은신. 8월 측근들에게 포덕에 나서라고 권유. 9월 29일 경주관아에 체포. 10월 5일 동학도들의 시위로 석방되어 용담으로 돌아옴. 12월 흥해 매곡동 손봉조의 집에서 최초로 접주들을 임명.	진주 민란 발발
1863(40세)	계해	5월 용담으로 도인들 불러 모아 강도회. 7월 최경상을 북도중주인北道中主人으로 임명. 7월 상주 지역에서 동학배척 운동 일어남.	미국 노예해방 선언
1863(40세)	계해	8월 최경상에게 도통전수. 12월 10일 어사 정운구 일행에 의해 23명의 제자들, 부인과 맏아들 세정과 함께 체포됨. 대구의 경상감영에서 네 차례에 걸쳐 심문 받음.	고종 임금 즉위

년도(나이)	간지	최수운대신사와 동학연표	국내외 정세
1864(41세)	갑자	3월 10일 좌도난정 혹세무민으로 대구 관덕정에서 효수형. 3월 17일 제자들이 시신을 경주 구미산 자락에 매장.	경복궁 재건 공사 서양연합 함대의 시모노세키 공격
1865	을축	10월 해월의 첫번째 강론 (인내천).	
1867	정묘	10월 해월의 양천주 강론.	
1869	기사	이필제 진천작변(반란모의).	미국 대륙횡단철도 완공, 수에즈 운하 완공
1871	신미	이필제의 영해 반란.	신미양요
1872	임신	수운의 장남 세정 체포되어 감옥에서 사망.	
1873	계유	수운의 박씨 부인 별세.	고종의 친정 시작 일본의 사이고, 정한론 주장
1875	을해	『수운행록』 간행.	
1875	을해	1월 수운의 차남 세청의 죽음으로 수운의 가족이 모두 사라짐. 해월은 동학의 새로운 복제(관복)와 예식 정하고 그에 따라 천제를 거행. 강수를 차도주에 임명.	운양호 사건 /광서제 즉위
1879	기묘	『도원기서』 간행 (원제는 '최선생문집 도원기서').	콜레라 전국에 만연 일본, 류큐 병합 / 미국과 프랑스간 해저전선 개통
1880	경진	6월 인제 갑둔리에서 처음으로『동경대전』간행.	일본에 수신사 파견
1881	신사	6월 단양 천동에서『용담유사』간행.	척사윤음 반포 청, 러시아와 이리조약 체결
1882	임오	손병희 입도.	조미수호통상조약, 임오군란
1883	계미	천원군 목천에서『동경대전』간행.	전환국, 박문국 설치 프랑스, 베트남을 보호국화
1884	갑신	접의 상위조직인 포가 생겨남. (포의 지도자를 대접주라 함)	갑신정변/청불전쟁

년도(나이)	간지	최수운대신사와 동학연표	국내외 정세
1885	을유	해월 상주 화령 전성촌에서 천주직 포설, 이천식천, 사인여천, 천인합 일 등의 여러 강론함.	한성에 서양식 병원 광혜원 설립 청, 일본과 텐진조약
1887	정해	6월 보은 장내리에 동학본부인 육임소 설치.	미국인 선교사 아펜젤러 정동교회 설립
1888	무자	1월 해월 호남 순회. 10월 서장옥, 문경 사건으로 관에 체포됨.	한성-부산간 전선가설 캉유웨이, 변법자강 운동 일으킴
1890	경인	김낙철, 김낙봉 형제 입도.	독일 베를린에서 국제노동 자대회
1891	신묘	3월 해월 공주 신평면 윤상오의 집에 이거. 남계천, 김낙철, 손화중 등의 내방. 5월 남계천의 호남편의장 임명으로 인한 도중분란 해결 위해 호남 순회. 6월 김개남의 집에 10여일 체류.	한성에 일어학당 개설 러시아, 시베리아 철도 건설 착공
1892	임진	1월 교도들에게 통유문 발송 (경전 임의 간행 및 판매 금지, 후천개벽의 도 천명). 2월 제물 대신 청수봉헌 지시. 5월 관헌들에 의한 동학도 탄압 (충청, 전라). 7월 서장옥과 서병학이 해월 방문 교조신원운동 요구. 10월 신원운동 결정. 10월 공주, 11월 삼례에서 충청 감사와 전라 감사에게 진정서(의송 단자) 제출.	
1893	계사	2월 광화문 복합상소. 3월 보은집회. 금구 원평에서도 서장옥, 전봉준 주도로 집회. 4월 10일 서장옥, 서병학, 전봉준에 대한 체포령.	조선 최초로 전화기 도입 독일의 디젤, 디젤기관 발명

년도(나이)	간지	최수운대신사와 동학연표	국내외 정세
1894	갑오	1월 10일 고부 민란 발발. 3월 20일 무장기포. 4월 7일 황토현 전투. 5월 8일 전주화약. 6월 호남 지역에 집강소 설치. 9월 동학군 2차 봉기. 10월 21일 목천 세성산 전투. 10월 23일~11월 11일 공주 전투. 11월 13일 청주성 전투. 12월 김개남, 전봉준 체포.	6월 21일 일본군의 경복궁 점령/갑오개혁 **청일전쟁 발발**
1896	병신	해월 충주 외서촌에서 손병희(의암), 손천민(송암), 김연국(구암) 삼인에게 도호를 지어주고 합심하여 교단 이끌어가도록 당부.	반일의병 봉기/독립협회 창설
1897	정유	해월 향아설위 강론.	10월 대한제국 선포
1898	무술	동학농민군의 잔여세력이 모여 전라도 일부 지역에서 영학당 조직(정읍의 최익서 주도). 2월 제주도에서 남학의 방성칠난. 3월 해월 원주에서 체포되어 6월 2일 교수형.	만민공동회 개최 **무술정변**
1899	기해	4월 정읍농민봉기(영학당사건). 5월 31일 영학당 고창 관아 공격, 관군에 의하여 패퇴.	
1900	경자	손천민 체포되어 처형.	의화단의 난
		4월 전주에서 동학잔당 이관봉 일파 외세배척 운동을 도모하다가 체포되어 처형. 동학잔당 서정만 일파 속리산에서 천제 지내다 체포. (남조선 내세움)	
1901	신축	손병희 일본 망명	

년도(나이)	간지	최수운대신사와 동학년표	국내외 정세
1904	갑진	4월 진보회 조직. 8월 동학도 20만명 신식 옷 착용, 단발 (갑진개화혁신운동). 8월 20일 일진회 발족 (회장에 윤시병) 12월 26일 일진회는 동학당의 친일 세력인 이용구의 진보회(進步會)와 통합. 13도총회장에 이용구, 평의원장에 송병준 취임.	러일전쟁 발발
1906	병오	손병희 일진회 문제로 이용구 일파와 결별. 천도교 창건.	최익현 의병 봉기
1907	정미	이용구 천도교의 대도주 자리를 물러난 김연국을 끌어들여 시천교 창건. 시천교 정부에 수운과 해월의 신원 요구. 7월 동학합법화 달성.	한국군 강제해산 헤이그 밀사사건
1920	경신	천도교 월간지『개벽』창간호 출간.	청산리전투 미국, 세계 최초로 라디오 방송
1923	계해	천도교청년당 발족.	관동대지진
1924	갑자	김연국이 계룡산으로 신도들을 이끌고 들어감.	경성제국대학 설립

찾아보기

번호

4대 종장宗長 138

ㄱ

가정리 39
가톨릭 44
각자위심各自爲心 50, 58
감결 32
강도회講道會 82, 91
강령주 54
강령주문 139
강증산 6, 102
개벽 46, 58, 61, 134
개벽기 59, 134
개접開接 83
객망리 102
검가 75, 86
검무劍舞 63, 75, 82
경국대전 19
경석 132
경신년 43, 46, 50, 60
경주용담보은신 139
고려팔관기 45
고종 67
곤여만국전도 118

공맹 27, 63
공맹지덕 30
과거시험 20
관덕당 98
관성제군 8
광제창생 113, 115
괴질 59, 61, 134, 135, 137
괴질운수 59, 134
교룡산성蛟龍山城 86
교조신원 77, 110, 112
교훈가 51, 57
구도자 34, 38, 41
구미산 22, 39, 40, 98
구미용담 40
구이면 103
국초일 60
궁궁 52
궁궁촌 30
궁약 97
궁을弓乙 49, 53
권학가 86
근암공 14, 15, 18, 21, 22, 23, 25
금산사 116
기독교 67
기해교난己亥教難 67
기화지신 65
김개남 103, 104, 110
김광화 31
김용옥 5, 35
김일부 8, 31, 110, 139, 140
김조순金祖淳 67

김지하 4, 60, 86
김형렬金亨烈 103, 104, 139

ㄴ

남원 86
남학南學 31
노승 34
논학문 46, 54, 56, 71, 86
농민전쟁 4
농민혁명 105

ㄷ

다시개벽 57, 58, 134
단주丹朱 130
대구 감영 97
대도 116, 120
대법국 122
대보단大報壇 106, 109
대선생 111, 121
대신사 22, 25, 27, 112
대원군 67
대인접물 123
대종정의 125
덕밀암 86
도남서원道南書院 94
도성덕립 120
도수사 86
도원기서 22, 28, 35, 48, 50, 79,
82, 90, 96
도전 103, 116
도참사상 30

도통신들 139
동경대전 116, 121, 134
동서문화 교류 118
동세 110, 129
동토 122
동학가사 86
동학군 103
동학난 4
동학농민혁명 4
동학대장 133
동학론 54
동학배척 91
동학사 112
동학총대 132
동학혁명 8, 105, 106, 107, 110,
138

ㄹ

로마대학 118

ㅁ

마테오 리치 8, 35, 44, 72, 119
만고역신萬古逆神 130
만사지 54
맹륜 43, 78
명부 139
명부정리 공사 139
몽중노소문답가 86
무극대도 60, 134, 140
무위이화 65, 66
무체법경 126

문명신들 139
문화의 정수 139
민란 90

ㅂ

박공우 121, 129
박씨 부인 98
박윤거 103
반외세 77
반제국주의 77
반제국주의 운동 4
백목白木 장사 28
백의재상 50
백의한사 133
범신론 125
병겁 59, 135, 136
병란兵亂 137
병자호란 109
보국안민 71, 76, 77, 113, 115,
    125, 131, 132
보천교 132
복술卜術 30
복술福述 14, 23, 76
본주문本呪文 54, 81
부도符圖 47, 48, 49
북벌론 109
불고천명不顧天命 50, 58
불교 63
불도 31, 48, 113, 138, 139
불사약 53
불순천리 50

불순천리不順天理 58

ㅅ

사광師曠 25
사농공상 28
사명기司命旗 133
사인여천事人如天 125
산림처사 21
삼년괴질 61
삼신三神 45
상생의 도 110
상수철학 62
상제上帝 7, 43, 45, 60, 99, 126,
    127
상제관 56, 123
서교 114
서도 66, 114, 138, 139
서병학 112
서얼 21
서인주 112
서자 19
서장옥徐璋玉 110
서학 29, 30, 66, 67, 72, 74, 79,
    84, 85, 94, 97, 113
서헌순 75, 81, 97
선경 55, 122, 130
선국사善國寺 86
선도仙道 30, 31, 48, 113, 138,
    139
선동학 7
선승 34

선약仙藥 49, 52

선천 135

선천先天 62

선천개벽 60

선천 세상 130

선천의 악업 135

선천 종교 138

선후천 교역 31

선후천先後天 교역기交易期 135

성경신 57, 125, 136

성리학 21, 29, 56, 120, 126

성묵性默 40

세도정치 29

세정 39, 98

세청 40

소강절 59, 62

손병희 121, 125, 126, 127, 128, 129

손천민 113

솔성수교 66

수덕문 53, 77, 86, 117

수명受命 49

수심정기 49, 66, 79, 117

수운가사 116, 121

시천교역사 49

시천주 54, 55, 57, 61, 99, 125, 126, 127, 129

시천주조화정 122

시천주 주문 54, 139, 140

식고 79

신교 7, 13, 116, 117, 121

신도 116

신명계 116

신명들 130, 135

신미년 116

신원 112, 114, 115

신원伸寃 112

심고心告 81

십이제국 59, 60, 132, 134

ㅇ

아국운수 61

아담 샬 73

아편무역 69

아편전쟁 68, 70

악질 58

안심가 51, 60, 61, 106

안필성安弼成 103, 104

알음귀 116

애로우 호 사건 68

양녀 주씨 41, 80

양천주 124

양학洋學 64, 75

역철학 31

역학易學 31

연담蓮潭 30, 31

영가무도교詠歌舞蹈教 31

영부 52, 53, 57, 78, 79, 117

예수회 67, 72, 118, 119

오방불교五方佛教 31

오주 140

오지영 112

옥성서원玉城書院 94

와룡암 18

왕후장상 132

외방선교회 74

요순 27, 63

요순성세 59

요순지치 30

용담 18, 40

용담가 40, 46, 51

용담서사 18, 40

용담유사 57

용담정 18, 21, 96

우금치전투 106

우산서원愚山書院 94

우주론 62

웅패雄覇의 술術 111

원시 동학 127

원적암 18

원한 130

원혼 132

원회운세元會運世 62

월성 박씨 26

위천주爲天主 50

유교 28, 30, 31, 43, 63, 117, 118, 138

유도 48, 113, 138, 139

유무상자有無相資 91

유불선 31, 113

윤석산 5, 6, 35, 60

은적암 86

을묘천서乙卯天書 34, 35, 38

음양론 62

의송단자議送單字 113

의통 136

이마두 111, 116, 139

이맥李陌 45

이상원 15, 18, 21

이승훈 73

이양선異樣船 70

이용구 121

이운규李雲奎 30

이익 72

이필제李弼濟 110

인격신 125, 126

인내천 125, 126, 127, 128, 129, 138

인시천人是天 125

일본 99, 105, 106, 107

일본 명부 8

일순一淳 102

일진회 121

임술년 87, 92

임진왜란 107, 109

입도식 81

입산천제入山天祭 81

입암산성 133

입춘시 41

ㅈ

재가녀 19, 21, 25

재민혁세災民革世 110

전명숙 8, 110, 133, 140

전봉준 110, 113, 133, 139

전주동곡해원신 139

접接 91

접주 82, 90, 112

접주제接主制 82

정감록 30, 32

정세 110

정운구 80, 83, 95, 96

정치순 102

제국주의 106

제생의세濟生醫世 111

제선濟宣 14, 40

제우濟愚 14, 40

제자주문弟子呪文 53

재환 18, 19, 26

조만영趙萬永 67

조선의 국운 8

조화 50, 51, 52, 64

조화정부 8, 122, 139

종장 139

좌도난정 61, 98

좌잠 57

주문 47, 49, 52, 57, 65, 78, 79, 80, 97

주문수행 57

주어사 73

주유팔로 28, 34

주자학 61

주제군징主制群徵 73

주회암 8, 139

중국그리스도교전교사 119

증산甑山 102

지상신선 55

지하신 116

진묵 139

진묵대사 8

진산珍山사건 73

진잠鎭岑 105

진표 117

ㅊ

차경석 121, 132

참동학 6, 7, 121, 122, 127, 129

처사가 51

천개지벽天開地闢 58

천개탑 116, 122

천도天道 64

천도교 34, 41, 121, 125, 127, 128, 138

천도교서 112

천도교창건사 22, 25, 26, 98

천도교회사 39

천명 6, 116, 117, 121

천상문답 41, 43, 68

천성산 38, 39

천제 82

천주교 44, 67, 72, 74, 118

천주실의 35, 44, 73, 118

천지공사天地公事 7, 122, 130, 140

천하대순 122

철점 29

철점鐵店 39

철종 67, 74, 97

초학주문初學呪文 54, 81

최두현 103, 104

최복술 75

최수운 97

최시형 122, 125, 127

최옥崔鋈 14, 21

최치원 13

출입고出入告 81

치성치례 81

칠극 73

칠성령 8

ㅋ

칼노래 82, 97

칼춤 97

ㅌ

태극 49, 52, 53

태백일사 45

태인 전투 133

텐진 조약 69

트리고 119

ㅍ

판토하 73, 119

폐접廢接 83

포교 47, 52

포덕 52, 64, 77, 79, 80, 90

포덕문 46, 50, 52, 71, 120

표영삼 5, 6, 19

표훈천사 45

프랑스 74

피노리 133

ㅎ

학봉鶴鳳 102

한씨 부인 19, 22

함풍제咸豊帝 69

해원 129, 130, 132

해월 53, 94, 112, 122, 124, 127

해월신사설법 49

향시 15

허균 72

현대문명 116

현무경 140

호천금궐 44

혼개통헌도설 119

환단고기 45

황극경세서 62

황응종 129

황토재 103

후동학 7

후천後天 62

후천개벽 13, 60, 87, 99, 134, 136, 137

후천선경 8, 122, 130, 139

후천오만년 60

홍비가 82

19세기
조선의 생활모습

수부 고판례

증산도 상생문화 연구총서

당태종 李世民과
이십사장

上帝・侍天主・東學
잃어버린
상제문화
찾아서
동학

근본으로
돌아가라

正易句解

正易과 天文曆

周易參同契

易
正易과 周易

당태종唐太宗**과 이십사장**二十四將

이십사장은 이연李淵을 도와 당 왕조를 건립하고, 또 현무문玄武門의 정변에서 진왕秦王 이세민李世民을 도와 그가 황제로 등극하는데 결정적인 공을 세운 24명의 공신을 말한다.

이재석 저 | 512쪽 | 값 20,000원

광무제光武帝**와 이십팔장**二十八將

이십팔장은 후한 광무제 유수劉秀가 정권을 수립하는데 큰 공을 세운 스물여덟 명의 무장을 말한다.

이재석 저 | 478쪽 | 값 20,000원

잃어버린 상제문화를 찾아서 동학

상제관이 바로 서지 않으면 우주만물의 원 주인도 제자리를 잡지 못한다. 그래서 이 책은 최수운이 창도한 동학에서 상제관 바로 세우기의 일환으로 집필되었다.

증산도상생문화연구소 | 255쪽 | 값 15,000원

근본으로 돌아가라 [원시반본, 보은, 해원, 상생]

개벽을 극복하고 후천선경을 건설하기 위해 인간은
어떠한 삶을 살아야 하는가를 증산 상제님의 행적과
가르침이 담긴 『증산도 도전』을 중심으로 설명
유 철 저 | 301쪽 | 20,000원

격동의 시대 19세기 조선의 생활모습

이 책은 19세기의 사회상을 리얼하게 보여주려는
자료집이다. '증산상제의 강세를 전후한 모습, 곧
선후천의 갈림길에 선 19세기 조선의 모습'이다.
김철수 저 | 311쪽 | 값 20,000원

인류의 어머니 수부首婦 고판례

강증산 상제님의 종통을 계승한 고판례
수부님의 숭고한 사랑과 은혜의 발자취.
노종상 저 | 454쪽 | 값 20,000원

정역과 주역

김일부선생의 생애와 학문적 연원에 대해 쉽게 설명을 하고있으며, 정역을 공부할 수 있게 대역서의 구성원리와 서괘원리, 중천건괘와 중지곤괘에 대한 해석을 하고 있다.

윤종빈 저 | 500쪽 | 값 20,000원

정역구해

김일부의 『正易』을 한 구절씩 낱낱이 풀이한 입문서에 해당한다. 정역을 전문으로 연구하는 사람들은 물론, 처음 배우는 사람들을 대상으로 삼고 있다.

권영원 저 | 500쪽 | 값 25,000원

정역과 천문력

한평생 정역을 공부한 저자가 강의록을 책으로 출간하였다. 이 책을 통해 저자는 세상에 처음으로 수지도수手指度數의 실체를 드러내었다. 정역의 핵심인 수지도수의 이론과 동양천문에 대해서 쉽게 도해로 설명하고 있다.

권영원 저 | 656쪽 | 값 29,000원

주역참동계

만고 단경왕丹經王인 주역참동계를 통해서 저자는 동양의 내외단과 서양의 연금술의 전통이 일치함을 주장한다. 지금까지의 참동계 관련 문헌을 총정리하였으며, 도장경에 나오는 참동계관련 도해를 처음으로 소개하여 독자들의 이해를 높였다.

임명진 저 | 600쪽 | 값 29,000원

증산도 상생문화 총서

인류문명의 뿌리, 東夷

인류문명의 시원을 연 동방 한민족의 뿌리, 동이東夷의 문명 개척사와 잃어버린 인류 뿌리역사의 실상을 밝혔다.

김선주 저 | 112쪽 | 6,500원

인류원한의 뿌리 단주

강증산 상제에 의해 밝혀진 반만 년 전 요임금의 아들 단주의 원한, 단주의 해원 공사를 바탕으로 전개되고 있는 상생문명건설의 실상을 보여준다.

이재석 저 | 112쪽 | 값 6,500원

일본고대사와 한민족

수많은 백제인의 이주와 문화전파에 따른 문화혁명, 그리고 문화 선생국 백제의 멸망. 그 때마다 일본이 보여준 태도는 모두 한가지 사실로 모아진다. 곧 '일본 고대사 는 한민족의 이주사'라는 사실이다.

김철수 저 | 168쪽 | 값 6,500원

생명과 문화의 뿌리 삼신三神

삼신은 만유생명의 창조와 문화의 뿌리이며 한민족의 정서에는 유구한 정신문화로 자리매김 되어 있음을 보게 된다.

문계석 저 | 196쪽 | 값 6,500원

천국문명을 건설하는 마테오리치

살아서 뿐만 아니라 죽어서도 새 시대 새 문명을 여는데 역사하고 있는 마테오리치의 생애를 집중조명한다.

양우석 저 | 140쪽 | 값 6,500원

일본의 고古신도와 한민족

우리가 왜 일본의 고대사에 주목하는가? 그것은 일본 고대사의 뿌리가 한민족에 있기 때문이다.

김철수 저 | 239쪽 | 6,500원

서양의 제왕문화

역사를 돌이켜보면 역사시대의 태반은 왕정시대였다. 이 책은 고대로부터 현대에 이르기까지 이러한 서양 왕정의 역사를 간략히 조망한 책이다.

김현일 저 | 215쪽 | 값 6,500원

만고萬古의 명장名將, 전봉준 장군과 동학혁명

전봉준의 혁명은 동학의 창도자 최수운이 노래한 세상, 곧 후천 오만년 운수의 새 세상을 노래한 것이었다.

김철수 저 | 192쪽 | 6,500원

천지공사와 조화선경

증산상제가 제시한 우주문명의 새로운 틀짜기와 판짜기의 프로그램이 바로 '천지공사天地公事'이다.

원정근 저 | 136쪽 | 값 6,500원

홍산문화
【한민족의 뿌리와 상제문화】

홍산문화의 주인공은 동이족의 주체세력이며, 적석총·제단·여신묘의 제사유적군은 상제문화를 대표로 하는 한민족의 뿌리문화를 보여주는 것이다.

김선주 저 | 144쪽 | 값 6,500원

천주는 상제다

『천국문명을 건설하는 마테오 리치』의 자매편으로 동서양의 종교를 대표하는 기독교와 신교의 신인 천주와 상제가 결국은 동일하다는 사상을 주제로 삼는다.

양우석 저 | 151쪽 | 값 6,500원

주역周易과 만나다

주역 64괘중 기본괘인 건괘, 곤괘, 감괘, 리괘와 겸괘, 사괘, 대유괘, 혁괘를 정리한 주역입문서.

양재학 저 | 285쪽 | 값 6,500원

하도낙서와 삼역괘도

인류문명의 뿌리인 하도와 낙서의 세계와 복희팔괘, 문왕팔괘, 정역팔괘를 쉽게 정리한 입문서.

윤창열 저 | 197쪽 | 값 6,500원

도道와 제帝

개벽사상에 대한 새 담론은 도道와 제帝의 관계에서 출발하며, 인류문명의 패러다임의 전환이 어떻게 가능한가 하는 물음이 담겨 있다.

원정근 저 | 188쪽 | 값 6,500원

원한을 넘어 해원으로

140여 년 전 증산상제가 밝혀 준 해원 문제의 '코드'를 현대인들이 보다 쉽게 이해할 수 있도록 재조명 하였다. 원리적 접근과 역사적 경험적 접근으로 다가간다.

이윤재 저 | 186쪽 | 값 6,500원

한민족 문화의 원형, 신교

신교는 상고 이래 우리 겨레의 삶을 이끌어 온 고유한 도로써 정치, 종교, 예술 등이 길어져 나온 뿌리가 되는 원형문화다.

황경선 저 | 191쪽 | 값 6,500원

어머니 하느님

【정음정양과 수부사상】

상제의 수부이자 만 생명의 어머니인 태모사상을 통해서 어머니 하느님 신앙의 새로운 의미를 되살펴보고, 진정한 여성해방의 길이 무엇인지를 모색하고 있다.

유 철 저 | 189쪽 | 값 6,500원